梅森罐食譜

探索梅森罐餐的便利性和多功能性，其中包含 100 多種美味食譜

林 徐

目錄

介紹

歡迎來到梅森罐子的奇妙世界！這些多功能罐子不僅僅用於儲存食物或保存水果和蔬菜。事實上，它們可以用來製作各種既方便又健康的美味食譜。無論您是要準備飯菜、打包午餐還是製作甜點，梅森罐子都是完美的解決方案。

這本食譜包含 100 多種富有創意且易於遵循的食譜，所有這些食譜都可以在玻璃瓶中製作。從早餐到晚餐，甚至零食和甜點，每種場合都有適合的食譜。另外，使用梅森罐子意味著更少的浪費和更容易的清理！

探索分層配料的樂趣，創造出視覺上令人驚嘆的沙拉和穀物碗，或者製作一批隔夜燕麥，輕鬆享用早餐。我們不要忘記甜點的無限可能性，例如單獨的芝士蛋糕或布朗尼蛋糕。

通過這本食譜，您將了解使用梅森罐子進行烹飪和準備飯菜的細節。無論您是經驗豐富的專業人士還是梅森罐子世界的新手，您都會發現大量美味健康膳食的靈感和想法。

梅森罐早餐

1. 梅森罐嘉布丁

原料

- 1 ¼ 杯 2% 牛奶
- 1 杯 2% 純希臘酸奶
- ½ 杯奇亞籽
- 2 湯匙蜂蜜
- 2 湯匙糖
- 1 湯匙橙皮碎
- 2 茶匙香草精
- 3/4 杯切段橙子
- 3/4 杯切開的橘子
- ½ 杯 分段葡萄柚

路線

a) 在一個大碗中，將牛奶、希臘酸奶、奇亞籽、蜂蜜、糖、橙皮碎、香草精和鹽攪拌均勻。

b) 將混合物均勻地分入四個（16 盎司）玻璃瓶中。冷藏過夜，或最多 5 天。

c) 冷食，上面撒上橙子、橘子和葡萄柚。

2. 彩虹酸橙奇亞籽布丁

原料

- 1¼ 杯 2% 牛奶
- 1 杯 2% 純希臘酸奶
- ½ 杯奇亞籽
- 2 湯匙蜂蜜
- 2 湯匙糖
- 2 茶匙 酸橙皮碎
- 2 湯匙鮮榨酸橙汁
- 1 茶匙香草精
- 1 杯切碎的草莓和藍莓
- ½ 杯芒果丁和 ½ 杯獼猴桃丁

路線

a) 在一個大碗中，將牛奶、酸奶、奇亞籽、蜂蜜、糖、青檸皮碎、青檸汁、香草精和鹽攪拌均勻。

b) 將混合物均勻地分入四個（16 盎司）玻璃瓶中。蓋上蓋子並冷藏過夜，或最多 5 天。

c) 冷食，上面撒上草莓、芒果、獼猴桃和藍莓。

3. 熱帶椰子奇亞籽布丁

原料

- 1 罐（13.5 盎司）椰奶
- 1 杯 2% 純希臘酸奶
- ½ 杯奇亞籽
- 2 湯匙蜂蜜
- 2 湯匙糖
- 1 茶匙香草精
- 一小撮粗鹽
- 1 杯 芒果丁
- 1 杯 菠蘿丁
- 2 湯匙椰絲

路線

a) 在一個大碗中，將椰奶、酸奶、奇亞籽、蜂蜜、糖、香草精和鹽攪拌均勻。

b) 將混合物均勻地分入四個（16 盎司）玻璃瓶中。蓋上蓋子並冷藏過夜，或最多 5 天。

c) 冷食，上面撒上芒果和菠蘿，撒上椰子。

4. 漿果早餐凍糕

品牌：4

原料：
- 1½ 杯低脂原味酸奶
- 3 湯匙蜂蜜
- 1½ 杯麥片早餐麥片或低鈉、低脂麥片
- 1½ 杯混合新鮮漿果

指示：
a) 準備 4 個凍糕玻璃杯、8 盎司玻璃瓶或其他 8 盎司玻璃杯。

b) 在一個小碗中，將酸奶和蜂蜜混合，攪拌均勻。

c) 將 2 湯匙酸奶混合物倒入每個玻璃杯或罐子的底部。上面放 2 湯匙穀物，然後放 2 湯匙水果。重複此操作，直至使用完所有成分。

d) 立即食用或蓋上凍糕並冷藏最多 2 小時。

梅森罐電源

5. 梅森罐雞肉拉麵湯

原料

- 2 包（5.6 盎司）冷藏炒麵
- 2 ½ 湯匙低鈉蔬菜湯底濃縮物（我們喜歡比肉湯更好的）
- 1 ½ 湯匙 低鈉醬油
- 1 湯匙米酒醋
- 1 湯匙新鮮磨碎的生薑
- 2 茶匙 sambal oelek（磨碎的新鮮智利醬）， 或更多適量
- 2 茶匙芝麻油
- 2 杯剩下的烤雞絲
- 3 杯小菠菜
- 2 根胡蘿蔔， 去皮並磨碎
- 1 杯 香菇片
- ½ 杯新鮮香菜葉
- 2 個蔥， 切成薄片
- 1 茶匙芝麻

路線

a) 在一大鍋沸水中， 煮炒麵至鬆散， 煮 1 至 2 分鐘；排水良好。

b) 在一個小碗中， 將肉湯底、醬油、醋、生薑、參巴辣椒醬和芝麻油混合。

c) 將肉湯混合物分裝到 4 個（24 盎司）帶蓋廣口玻璃罐或其他耐熱容器中。上面放上炒麵、雞肉、菠菜、胡蘿蔔、蘑菇、香菜、蔥和芝麻。蓋上蓋子並冷藏最多 4 天。

d) 食用時，打開罐子，加入足夠的熱水覆蓋內容物，大約 1 ¼
杯。不蓋蓋子，用微波爐加熱 2 至 3 分鐘。靜置 5 分鐘，
攪拌混合，立即食用。

6. 梅森罐肉醬

原料

- 2 湯匙橄欖油
- 1 磅碎牛肉
- 1 磅意大利香腸，去掉腸衣
- 1 個洋蔥，切碎
- 4 瓣大蒜，切碎
- 3 罐（14.5 盎司）西紅柿切塊，瀝乾
- 2 罐（15 盎司）番茄醬
- 3 片月桂葉
- 1 茶匙幹牛至
- 1 茶匙幹羅勒
- ½ 茶匙干百里香
- 1 茶匙粗鹽
- ½ 茶匙現磨黑胡椒
- 2 包（16 盎司）低脂馬蘇里拉奶酪，切塊
- 32 盎司未煮熟的全麥螺絲粉，按照包裝說明煮熟；約 16 杯煮熟

路線

a) 在大煎鍋中用中高火加熱橄欖油。加入碎牛肉、香腸、洋蔥和大蒜。煮 5 到 7 分鐘，直至變成棕色，煮時確保將牛肉和香腸弄碎；排出多餘的脂肪。

b) 將碎牛肉混合物轉移到 6 夸脫的慢燉鍋中。加入番茄、番茄醬、月桂葉、牛至、羅勒、百里香、鹽和胡椒。蓋上鍋蓋，小火煮 7 小時 45 分鐘。取下蓋子並將慢燉鍋調至高溫。繼續煮 15 分鐘，直到醬汁變稠。丟棄月桂葉，讓醬汁完全冷卻。

c) 將醬汁分裝到 16 個（24 盎司）帶蓋廣口玻璃罐或其他耐熱容器中。上面放上馬蘇里拉奶酪和螺絲粉。冷藏最多 4 天。

d) 食用時，不蓋蓋子，用微波爐加熱約 2 分鐘。攪拌混合。

7. 梅森罐烤寬麵條

原料

- 3 烤寬麵條
- 1 湯匙橄欖油
- ½ 磅牛腰肉碎
- 1 個洋蔥，切丁
- 2 瓣大蒜，切碎
- 3 湯匙番茄醬
- 1 茶匙意大利調味料
- 2 罐（14.5 盎司）番茄丁罐
- 1 個中等大小的西葫蘆，磨碎
- 1 個大胡蘿蔔，磨碎
- 2 杯 嫩菠菜絲
- 粗鹽和現磨黑胡椒，品嚐
- 1 杯部分脫脂乳清乾酪
- 1 杯 馬蘇里拉奶酪絲，分開
- 2 湯匙切碎的新鮮羅勒葉

路線

a) 在一大鍋沸騰的鹽水中，按照包裝說明煮意大利面；排水良好。每條麵條切成 4 塊；擱置。

b) 在大煎鍋或荷蘭烤箱中用中高溫加熱橄欖油。加入碎牛腰肉和洋蔥，煮 3 到 5 分鐘直至變成棕色，確保煮時將牛肉弄碎；排出多餘的脂肪。

c) 加入大蒜、番茄醬和意大利調味料，炒至香味四溢，持續 1 至 2 分鐘。拌入西紅柿，調小火，煮 5 至 6 分鐘，直至稍微變稠。加入西葫蘆、胡蘿蔔和菠菜，不斷攪拌，直至變軟，持續 2 至 3 分鐘。鹽和胡椒調味。將醬汁放在一邊。

d) 在一個小碗中，將乳清乾酪、½ 杯馬蘇里拉奶酪和羅勒混合；鹽和胡椒調味

e) 將烤箱預熱至 375 華氏度。在 4 個（16 盎司）帶蓋廣口玻璃罐或其他烤箱安全容器上輕輕塗上油，或塗上不粘噴霧。

f) 將 1 塊意大利面放入每個罐子中。將三分之一的醬汁分入罐子中。重複第二層意大利面和醬汁。上面放上乳清乾酪混合物、剩餘的意大利面和剩餘的醬汁。撒上剩餘的 ½ 杯馬蘇里拉奶酪。

g) 將罐子放在烤盤上。放入烤箱烘烤 25 至 30 分鐘，直至冒泡；完全冷卻。冷藏最多 4 天。

8. 梅森罐甜菜和球芽甘藍穀物碗

原料

- 3 個中等大小的甜菜（約 1 磅）
- 1 湯匙橄欖油
- 粗鹽和現磨黑胡椒，品嚐
- 1 杯 法羅
- 4 杯 小菠菜或羽衣甘藍
- 2 杯抱子甘藍（約 8 盎司），切成薄片
- 3 個小柑橘，去皮並切段
- ½ 杯山核桃，烤的
- ½ 杯石榴籽

蜂蜜第戎紅酒醋汁

- ¼ 杯 特級初榨橄欖油
- 2 湯匙紅酒醋
- ½ 個青蔥，切碎
- 1 湯匙蜂蜜
- 2 茶匙全麥芥末
- 粗鹽和現磨黑胡椒，品嚐

路線

a) 將烤箱預熱至 400 華氏度。在烤盤上鋪上箔紙。

b) 將甜菜放在箔紙上，淋上橄欖油，然後用鹽和胡椒調味。將箔紙的所有 4 個側面折疊起來，形成一個小袋。烘烤 35 至 45 分鐘，直至叉子變軟；冷卻約 30 分鐘。

c) 用乾淨的紙巾擦拭甜菜，去除皮；切成小塊。

d) 根據包裝說明烹製法羅，然後冷卻。

e) 將甜菜分成 4 個（32 盎司）帶蓋廣口玻璃罐。上面放上菠菜或羽衣甘藍、法羅、球芽甘藍、柑橘、山核桃和石榴籽。蓋上蓋子可在冰箱中保存 3 或 4 天。

f) 油醋汁：將橄欖油、醋、蔥、蜂蜜、芥末和一湯匙水攪拌在一起；鹽和胡椒調味。蓋上蓋子並冷藏最多 3 天。

g) 食用時，將油醋汁添加到每個罐子中並搖勻。立即上菜。

9. 梅森罐西蘭花沙拉

原料

- 3 湯匙 2%牛奶
- 2 湯匙橄欖油蛋黃醬
- 2 湯匙希臘酸奶
- 1 湯匙糖，或更多調味
- 2 茶匙蘋果醋
- ½ 杯腰果
- ¼ 杯 蔓越莓幹
- ½ 杯紅洋蔥丁
- 2 盎司切達干酪，切丁
- 5 杯切碎的西蘭花小花

路線

a) 調料：將牛奶、蛋黃醬、酸奶、糖和醋放入小碗中攪拌。

b) 將調料分裝到 4 個（16 盎司）帶蓋廣口玻璃罐中。上面放上腰果、蔓越莓、洋蔥、奶酪和西蘭花。冷藏最多 3 天。

c) 食用時，搖動罐子中的內容物並立即食用。

10.梅森罐雞肉沙拉

原料

- 2½ 杯剩餘的烤雞絲
- ½ 杯希臘酸奶
- 2 湯匙橄欖油蛋黃醬
- ¼ 杯 紅洋蔥丁
- 1 莖芹菜，切丁
- 1 湯匙鮮榨檸檬汁，或更多適量
- 1 茶匙切碎的新鮮龍蒿
- ½ 茶匙 第戎芥末
- ½ 茶匙大蒜粉
- 粗鹽和現磨黑胡椒，品嚐
- 4 杯 羽衣甘藍絲
- 2 個澳洲青蘋果，去核並切碎
- ½ 杯腰果
- ½ 杯 蔓越莓幹

路線

a) 在一個大碗中，將雞肉、酸奶、蛋黃醬、紅洋蔥、芹菜、檸檬汁、龍蒿、芥末和大蒜粉混合；鹽和胡椒調味。

b) 將雞肉混合物分成 4 個（24 盎司）帶蓋廣口玻璃罐。上面放上羽衣甘藍、蘋果、腰果和蔓越莓。冷藏最多 3 天。

c) 食用時，搖勻罐子中的內容物並立即食用。

11.梅森罐中式雞肉沙拉

原料

- ½ 杯米酒醋
- 2 瓣大蒜，壓榨
- 1 湯匙芝麻油
- 1 湯匙新鮮磨碎的生薑
- 2 茶匙糖，或更多調味
- ½ 茶匙低鈉醬油
- 2 個蔥，切成薄片
- 1 茶匙芝麻
- 2 根胡蘿蔔，去皮並磨碎
- 2 杯 英國黃瓜丁
- 2 杯 紫甘藍絲
- 12 杯 切碎的羽衣甘藍
- 1½ 杯剩餘的烤雞丁
- 1 杯餛飩條

路線

a) 油醋汁：將醋、大蒜、芝麻油、姜、糖和醬油放入一個小碗中攪拌。將調料分裝到 4 個（32 盎司）帶蓋廣口玻璃罐中。

b) 上面放上蔥、芝麻、胡蘿蔔、黃瓜、捲心菜、羽衣甘藍和雞肉。冷藏最多 3 天。餛飩條單獨存放。

c) 食用時，搖勻罐子中的內容物並添加餛飩條。立即上菜。

12.梅森罐尼斯沙拉

原料

- 2 個中等大小的雞蛋
- 2½ 杯 切半的青豆
- 3 罐（7 盎司）長鰭金槍魚裝在水中，瀝乾並沖洗
- ¼ 杯 特級初榨橄欖油
- 2 湯匙紅酒醋
- 2 湯匙紅洋蔥丁
- 2 湯匙切碎的新鮮歐芹葉
- 1 湯匙切碎的新鮮龍蒿葉
- 1½ 茶匙 第戎芥末
- 粗鹽和現磨黑胡椒，品嚐
- 1 杯 切半的櫻桃番茄
- 4 杯 撕碎黃油生菜
- 3 杯芝麻菜葉
- 12 顆卡拉馬塔橄欖
- 1 個檸檬，切成楔形（可選）

路線

a) 將雞蛋放入一個大平底鍋中，並用冷水覆蓋 1 英寸。煮沸並煮 1 分鐘。用緊密的蓋子蓋上鍋並從火上移開；靜置 8 至 10 分鐘。

b) 與此同時，在一大鍋沸騰的鹽水中，將青豆焯燙約 2 分鐘，直至顏色呈亮綠色。瀝乾並在一碗冰水中冷卻。瀝乾。將雞蛋瀝乾並冷卻，然後剝皮並將雞蛋縱向切成兩半。

c) 在一個大碗中，將金槍魚、橄欖油、醋、洋蔥、歐芹、龍蒿和第戎混合在一起，直至完全混合；鹽和胡椒調味。

d) 將金槍魚混合物分裝到 4 個（32 盎司）帶蓋廣口玻璃罐中。上面放上青豆、雞蛋、西紅柿、黃油生菜、芝麻菜和橄欖。冷藏最多 3 天。

e) 食用時，搖勻罐子裡的東西。立即食用，如果需要的話可以搭配檸檬片。

13. 非常綠色的梅森罐沙拉

原料

- 3/4 杯珍珠大麥
- 1 杯新鮮羅勒葉
- 3/4 杯 2% 希臘酸奶
- 2 個蔥，切碎
- 1 ½ 湯匙 鮮榨酸橙汁
- 1 瓣大蒜，去皮
- 粗鹽和現磨黑胡椒，品嚐
- ½ 個英國黃瓜，粗切碎
- 1 磅（4 個小）西葫蘆，螺旋狀
- 4 杯 羽衣甘藍絲
- 1 杯冷凍青豆，解凍
- ½ 杯碎低脂羊奶酪
- ½ 杯豌豆苗
- 1 個青檸，切成楔形（可選）

路線

a) 按照包裝說明煮大麥；完全冷卻並放在一邊。

b) 製作調料時，將羅勒、酸奶、蔥、酸橙汁和大蒜放入食品加工機的碗中，用鹽和胡椒調味。脈衝直至平穩，大約 30 秒到 1 分鐘。

c) 將調料分裝到 4 個（32 盎司）帶蓋廣口玻璃罐中。上面放上黃瓜、西葫蘆麵條、大麥、羽衣甘藍、豌豆、羊乳酪和豌豆苗。冷藏最多 3 天。

d) 食用時，將罐子中的內容物搖勻。如果需要，立即上桌，可搭配酸橙塊。

梅森罐醬和肉湯

14. 阿根廷香辣醬

原料：

- 1 杯 輕包裝的新鮮歐芹
- ¼ 杯有機紅酒醋
- 2 大瓣大蒜
- ¼ 杯 特級初榨橄欖油
- 1 茶匙干百里香
- ½茶匙鹽
- ¼ 茶匙紅辣椒片
- ⅛ 茶匙現磨黑胡椒
- ¼ 杯 牛骨湯
- ¼ 熟鱷梨

指示：

a) 將所有成分放入食品加工機中，攪拌約 30 秒或直至所有成分充分混合。如果你不喜歡它太薄，可以添加更多鱷梨。如果太稠，再加點牛骨湯。

b) 將 Chimichurri 醬倒入 8 盎司的玻璃瓶中。蓋上蓋子並在冰箱中保存最多 2 週。

15. 牛骨湯

原料：

- 3-4 磅混合草飼牛骨
- 2 個中等大小的洋蔥，切碎
- 2 根中等大小的胡蘿蔔，切碎
- 3 根芹菜莖，切碎
- 2 片月桂葉
- 2 湯匙蘋果醋
- 1 湯匙花椒
- 8-10 杯水

指示：

a) 將烤箱加熱至 400°F。

b) 將混合好的骨頭單層放入烤盤中，然後放入烤箱。將骨頭烤 30 分鐘。將骨頭翻過來，再烤 30 分鐘。

c) 烤骨頭的同時，切碎胡蘿蔔、洋蔥和芹菜。經過長時間的烹飪後，你會丟棄這些，所以粗切效果很好！

d) 將烤骨頭、切碎的蔬菜、月桂葉、蘋果醋和胡椒粒放入 6 夸脫的燉鍋中。用水完全覆蓋。

e) 蓋上蓋子，小火煮 24 小時。根據需要加水，使所有原料都被水覆蓋，並定期撇去鍋頂部的泡沫。

f) 24 小時後，肉湯應呈深棕色。丟棄所有固體，將肉湯通過細網過濾器過濾到一個大碗中。如果需要，再次用粗棉布過濾以除去任何殘留的顆粒。

g) 將骨湯舀入梅森罐中，冷卻至室溫。骨湯可以在冰箱中保存長達兩週或冷凍以供將來使用。使用前，撇去表面堆積的油脂。

16.獼猴桃代基里果醬

份量：4 份

原料：

● 5 個獼猴桃，去皮

● 3 杯 糖

● ⅔ 杯不加糖菠蘿汁

● ⅓ 杯新鮮酸橙汁

● 3 盎司液體果膠

● 綠色食用色素，可選

● 4 湯匙朗姆酒

指示：

a) 將沸水罐裝滿水。將 4 個乾淨的半品脫梅森罐放入罐頭罐中。蓋上蓋子，將水煮沸，煮沸至少 10 分鐘，以對海拔 1000 英尺以下的罐子進行消毒。

b) 將按扣蓋放入沸水中，煮沸 5 分鐘以軟化密封劑。

c) 在一個大的不銹鋼或搪瓷平底鍋中，將獼猴桃搗碎至蘋果醬稠度。加入糖、菠蘿和酸橙汁。

d) 充分沸騰，攪拌直至糖溶解。

e) 不斷攪拌，劇烈煮沸 2 分鐘。

f) 從火上移開，加入果膠攪拌。繼續攪拌 5 分鐘，防止水果漂浮。拌入朗姆酒。

g) 將果醬舀入熱的消毒罐中，距離頂部邊緣 1/4 英寸以內。

h) 通過在玻璃和食物之間滑動橡皮刮刀去除氣泡，並將頂部空間重新調整至 1/4 英寸。擦拭罐子邊緣，去除任何粘性。將按扣蓋放在罐子上，用螺絲帶擰緊，直至指尖擰緊。將罐子放入罐頭罐中。對剩餘的果醬重複上述步驟。

i) 蓋上罐頭，將水重新煮沸，煮 5 分鐘。涼爽 24 小時。檢查罐子密封。

j) 拆下螺絲帶。擦拭罐子，貼上標籤並將其存放在陰涼處。

17. 陶罐牛奶汁

品牌：16

原料：

● 2 罐（14 盎司）甜煉乳

指示：

a) 將梅森罐裝滿甜煉乳。

b) 擰緊蓋子。

c) 直立放入慢燉鍋中。

d) 用熱自來水將陶罐裝滿一半，以蓋住罐子。

e) 低火煮 8 至 10 小時。

f) 在櫃檯上冷卻至室溫。

g) 冷藏直至需要。

18.路易斯安那風味辣醬

製作 16 盎司

原料：

- 1 磅（約 10 個）新鮮辣椒或塔巴斯科辣椒，去莖
- 2 茶匙無碘鹽
- ½ 杯白葡萄酒醋或白醋
- 2 瓣蒜

路線：

a) 在攪拌機或食品加工機中，將辣椒和鹽混合。攪拌直至形成糊狀並且鹽水從辣椒中釋放出來。

b) 將糊狀物裝入乾淨的罐子中，然後向下壓，直到天然鹽水覆蓋辣椒，留出至少 1 英寸的頂部空間。

c) 如果使用的話，放置一個漩渦花飾，然後擰緊蓋子，並將罐子存放在室溫下，避免陽光直射，發酵 2 週。每天給罐子打嗝。

d) 發酵完成後，將糊狀物（包括天然鹽水）、醋和大蒜放入食品加工機或攪拌機中混合。攪拌直至醬汁盡可能光滑。

e) 將辣醬放入密封容器中並放入冰箱保存最多 1 年。

19. 青醬

製作 8 盎司

原料：

- 2 杯新鮮切碎的歐芹
- 1 杯新鮮切碎的香菜
- 2 根蔥，白色和綠色部分，切碎
- 4 瓣蒜，切碎
- 1 個新鮮紅辣椒（例如辣椒或塔巴斯科辣椒醬），去莖並切碎
- 1½ 茶匙無碘鹽
- ¼ 杯紅酒醋
- ¼ 杯 橄欖油，佐餐用

路線：

a) 在攪拌碗中，將歐芹、香菜、蔥、大蒜和紅辣椒混合。撒上鹽。用手將鹽按摩到蔬菜中。靜置 10 分鐘以形成鹽水。

a) 天然鹽水釋放後，將混合物和鹽水裝入乾淨的罐子中。將混合物向下壓，直到鹽水覆蓋蔬菜。

b) 如果使用的話，放置一個漩渦花飾，然後擰緊蓋子，並將罐子存放在室溫下，避免陽光直射，發酵 5 天。每天給罐子打嗝。

c) 發酵完成後，將發酵物和紅酒醋放入攪拌機或食品加工機中混合。攪拌直至充分混合。

d) 將 Chimichurri 放入冰箱最多可保存 3 個月。準備食用時，每 ¼ 杯 Chimichurri 添加 1 湯匙橄欖油。

20.阿吉阿馬里洛醬

製作 16 盎司

原料：

對於粘貼

- 4 盎司（約 15 個）幹阿吉阿馬里洛辣椒，去蒂並撕成碎片
- 6 瓣蒜
- 3 根蔥，白色和綠色部分，切片
- 2½ 杯非氯化水
- 2 湯匙無碘鹽
- 5 湯匙酸橙汁
- 2 湯匙預留鹽水

對於醬汁

- 2 杯 ají 阿馬里洛醬
- 1 杯淡奶
- 1 杯 queso fresco 或羊奶酪
- ¼ 杯碎餅乾或麵包屑

路線：

a) 製作糊狀物：在一個乾淨的罐子中，將辣椒、大蒜和蔥混合。

b) 在另一個容器中，將水和鹽混合製成鹽水。

c) 如果使用的話，放置一個重物，然後將鹽水倒入罐子中，留出至少 1 英寸的頂部空間。擰緊蓋子，將罐子存放在室溫下，避免陽光直射，發酵 10 天。每天給罐子打嗝。

d) 發酵完成後，過濾發酵液，保留 2 湯匙鹽水。

e) 在攪拌機或食品加工機中，將發酵液、酸橙汁和保留的鹽水混合。攪拌直至光滑。

f) 將糊狀物在冰箱中保存最多 6 個月。

g) 製作醬汁：在攪拌機或食品加工機中，將阿吉阿馬里洛醬、淡奶、奶酪和餅乾或麵包屑混合。

h) 攪拌直至光滑。

21. 蒜味青辣椒醬

製作 16 盎司

原料：

- 1 磅（約 6 個）新鮮哈奇辣椒，去莖
- 8 瓣蒜
- 2 茶匙無碘鹽
- 2 茶匙小茴香籽
- 1 茶匙牛至粉
- ¼ 杯白醋
- 1 湯匙砂糖

路線：

a) 在攪拌機或食品加工機中，將辣椒、大蒜、鹽、小茴香籽和牛至混合。攪拌直至粗略切碎並釋放出天然鹽水。將混合物倒入乾淨的罐子中。

b) 如果使用的話，放置一個漩渦花飾，然後擰緊蓋子，並將罐子存放在室溫下，避免陽光直射，發酵 5 天。每天給罐子打嗝。

c) 發酵完成後，將發酵液、醋和糖放入食品加工機或攪拌機中混合。攪拌直至光滑。

d) 醬汁可在冰箱中保存長達 1 年。

22. 辣椒醬

製作 16 盎司

原料：

- 2 盎司（約 15 個）幹墨西哥辣椒，去莖
- 6 瓣蒜
- ½ 個白洋蔥或黃洋蔥，減半
- 2 杯非氯化水
- 1 湯匙加 1 茶匙無碘鹽
- ½ 杯橙汁
- ½ 杯蘋果醋
- ¼ 杯預留鹽水
- 2 湯匙番茄醬
- 1 湯匙砂糖
- 1 茶匙小茴香籽

路線：

a) 在一個乾淨的罐子裡，混合辣椒、大蒜和洋蔥。

b) 在另一個容器中，將水和鹽混合製成鹽水。

c) 如果使用的話，放置一個重物，然後將鹽水倒入罐子中，留出至少 1 英寸的頂部空間。擰緊蓋子，將罐子存放在室溫下，避免陽光直射，發酵 1 週。每天給罐子打嗝。

d) 發酵完成後，過濾發酵液，保留 1/4 杯鹽水。

e) 在攪拌機或食品加工機中，將發酵液、橙汁、醋、預留鹽水、番茄醬、糖和小茴香籽混合。攪拌直至光滑。

f) 將醬汁在冰箱中保存長達 1 年。

23.阿吉·皮坎特

製作 16 盎司

原料：

- 1 盎司（約 4 個）新鮮 ají chirca 或哈瓦那辣椒，去莖並切碎
- 6 根蔥，白色和綠色部分，切碎
- 1 杯新鮮切碎的香菜
- 2 個中等大小的西紅柿，切碎
- 1 湯匙無碘鹽
- 1 杯水
- ¼ 杯預留鹽水
- ¼ 杯白醋
- 2 湯匙酸橙汁
- 2 茶匙砂糖
- ¼ 杯鱷梨或葵花籽油，供食用

路線：

a) 在攪拌碗中，混合辣椒、蔥、香菜和西紅柿。在蔬菜上撒上鹽。

b) 用手將鹽按摩到蔬菜中，直到開始形成鹽水。讓蔬菜靜置 30 分鐘，或者直到形成足夠的鹽水以覆蓋罐子中的原料。

c) 將麥芽漿裝入乾淨的罐子中，將其向下壓以確保鹽水覆蓋麥芽漿。

d) 如果使用的話，放置一個漩渦花飾，然後擰緊蓋子，並將罐子在室溫下發酵 5 天。每天給罐子打嗝。

e) 發酵完成後，過濾麥芽漿，保留 1/4 杯鹽水。

f) 將麥芽漿、水、保留的鹽水、醋、酸橙汁和糖放入食品加工機或攪拌機中混合。輕輕攪拌直至混合均勻，但不要完全變成泥狀。對於稍微厚一點的版本，您可以跳過脈衝步驟，只需手動混合成分即可。

g) 將 ají picante 保存在冰箱的密封容器中最多可保存 1 年。

h) 食用前，每 1 杯醬汁加入 1 湯匙油。

24. 蘋果醋

約 ½ 至 1 夸脱/升

原料：

- ½ 杯椰子糖
- 1 夸脱過濾水
- 4 個蘋果，包括果核和果皮

路線：

a) 在水罐或大量杯中，將糖和水混合在一起，必要時攪拌以促進糖溶解。

b) 將蘋果切成四等分，然後將每塊切成兩半。將蘋果片、蘋果核和蘋果皮放入 1 至 2 夸脱的罐子或瓦罐中，在罐子頂部留出約 1 至 2 英寸的空間。

c) 將糖水溶液倒在蘋果上，在罐子頂部留下約 3/4 英寸的空間。蘋果會浮到上面，有些不會被淹沒，但沒關係。

d) 用幾層乾淨的粗棉布蓋住開口，然後在罐子或陶罐的口周圍系上一根鬆緊帶，將粗棉布固定到位。

e) 每天，取下粗棉布，攪拌以用糖水溶液覆蓋蘋果，完成後重新用粗棉布覆蓋。你必須每天這樣做，以確保蘋果在發酵過程中不會發霉。

f) 兩週後，濾出蘋果，保留液體；您可以將蘋果添加到堆肥中。將液體倒入瓶子中，並用緊密的蓋子或軟木塞密封。醋的保存期約為一年。

g) 將它們推入電動榨汁機中製成蘋果汁。如果你沒有榨汁機，只需將蘋果切成四等分，然後在食品加工機中打成泥即可

h) 母雞將蘋果果肉推過襯有平紋細布的篩子或平紋細布袋，以去除果汁中的纖維。

i) 將果汁倒入乾淨、深色的玻璃壺或瓶子中，不要蓋上蓋子。用幾層粗棉布覆蓋頂部，並用鬆緊帶將其固定到位。

j) 將瓶子或罐子存放在陰涼、黑暗的地方三周到六個月。

25. 菠蘿醋

約 ½ 至 1 夸脱/升

原料：

a) ½ 杯椰子糖
b) 1 夸脱過濾水
c) 1 個中等大小的菠蘿

路線：

a) 在水罐或大量杯中，將糖和水混合在一起，必要時攪拌以促進糖溶解。

b) 去掉菠蘿的皮和核。將水果的肉放在一邊以備其他用途。將皮和芯粗切。將菠蘿碎塊放入 1 至 2 夸脱的罐子或陶罐中，在罐子頂部留出約 1 至 2 英寸的空間。

c) 將糖水溶液倒在菠蘿皮和菠蘿核上，在罐子頂部留下約 3/4 英寸的空間。這些碎片會浮到頂部，有些不會被淹沒，但這沒關係。

d) 用幾層乾淨的粗棉布蓋住開口，然後在罐子或陶罐的口周圍系上一根鬆緊帶，將粗棉布固定到位。

e) 每天，取下粗棉布，攪拌，使糖水溶液覆蓋菠蘿片。你必須每天這樣做，以確保菠蘿片在發酵過程中不會發霉。

f) 兩週後，濾去菠蘿片，保留液體；您可以將菠蘿添加到堆肥中。將液體倒入瓶子中，並用緊密的蓋子或軟木塞密封。醋的保存期約為一年。

玻璃瓶蔬菜

26.蒔蘿泡菜

原料：

- 4 磅。4 英寸醃黃瓜
- 2 湯匙蒔蘿籽或 4 至 5 頭新鮮或乾蒔蘿葉
- 1/2 杯 鹽
- 1/4 杯醋（5%
- 8 杯水和以下一種或多種成分：
- 2 瓣大蒜（可選）
- 2 個乾紅辣椒（可選）
- 2 茶匙混合醃製香料

路線：

a) 洗淨黃瓜。將花端切成 1/16 英寸的薄片並丟棄。保留 1/4 英寸的閥桿。將一半蒔蘿和香料放在乾淨、合適的容器底部。

b) 加入黃瓜、剩餘的蒔蘿和香料。將鹽溶解在醋和水中，倒在黃瓜上。

c) 添加合適的蓋子和重量。發酵時，在溫度為 70° 至 75°F 的地方儲存約 3 至 4 週。55° 至 65°F 的溫度是可以接受的，但發酵需要 5 至 6 週。

d) 避免溫度高於 80°F，否則泡菜在發酵過程中會變得太軟。發酵泡菜固化緩慢。每週檢查容器幾次，及時清除表面浮渣或黴菌。注意：如果泡菜變軟、粘稠或發出難聞的氣味，請將其丟棄。

e) 完全發酵的泡菜可以在原來的容器中保存約 4 至 6 個月，前提是冷藏並定期清除表面浮渣和黴菌。將完全發酵的泡菜裝罐是更好的儲存方法。製作罐頭時，將鹽水倒入鍋中，慢慢加熱至沸騰，小火煮 5 分鐘。如果需要，通過咖啡紙過濾器過濾鹽水以減少混濁度。

f) 將泡菜和熱鹽水倒入熱罐中，留出 1/2 英寸的頂部空間。

g) 如果需要的話，去除氣泡並調整頂部空間。用濕的干淨紙巾擦拭罐子的邊緣。

27. 酸菜

原料：

● 25 磅。捲心菜

● 3/4 杯罐裝鹽或醃製鹽

產量：約 9 夸脫

路線：

a) 一次處理大約 5 磅的捲心菜。丟棄外層葉子。用冷水沖洗頭部並瀝乾。將頭切成四份並去除核心。切碎或切片至四分之一的厚度。

b) 將捲心菜放入合適的發酵容器中，加入 3 湯匙鹽。使用乾淨的手徹底混合。緊緊地包起來，直到鹽從捲心菜中吸取汁液。

c) 重複切碎、加鹽和包裝，直到所有捲心菜都放入容器中。確保它足夠深，使其邊緣至少高出捲心菜 4 或 5 英寸。如果汁液沒有覆蓋捲心菜，請添加煮沸並冷卻的鹽水（每夸脫水加 1-1/2 湯匙鹽）。

d) 添加板和配重；用乾淨的浴巾蓋住容器。

e) 如果您用裝滿鹽水的袋子稱量捲心菜，請在正常發酵完成（當冒泡停止時）之前不要打擾罐子。如果您使用罐子作為重量，則必須每週檢查德國泡菜兩到三次，並在形成浮渣時將其清除。完全發酵的泡菜可以在冰箱中密封保存幾個月。

f) 如果需要的話，去除氣泡並調整頂部空間。用濕的干淨紙巾擦拭罐子的邊緣。

28. 麵包，黃油醬菜

原料：

- 6 磅。4 至 5 英寸的醃黃瓜
- 8 杯 切成薄片的洋蔥
- 1/2 杯罐裝鹽或醃製鹽
- 4 杯醋 (5%)
- 4-1/2 杯 糖
- 2 湯匙 芥菜籽
- 1-1/2 湯匙 芹菜籽
- 1 湯匙 薑黃粉
- 1 杯 酸洗石灰

產量：約 8 品脫

路線：

a) 洗淨黃瓜。切掉 1/16 英寸的花朵末端並丟棄。切成 3/16 英寸的片。將黃瓜和洋蔥放入一個大碗中。加鹽。蓋上 2 英寸厚的碎冰或方冰。冷藏 3 至 4 小時，根據需要添加更多冰塊。

b) 將剩餘的成分混合在一個大鍋中。煮 10 分鐘。瀝乾水分，加入黃瓜和洋蔥，慢慢重新加熱至沸騰。將切片和烹飪糖漿裝入熱品脫罐中，留出 1/2 英寸的頂部空間。

c) 如果需要的話，去除氣泡並調整頂部空間。用濕的干淨紙巾擦拭罐子的邊緣。

29. 蒔蘿泡菜

原料：

- 8 磅。3 至 5 英寸的醃黃瓜
- 2 加侖水
- 1-1/4 杯 罐裝鹽或醃製鹽
- 1-1/2 夸脫醋 (5%)
- 1/4 杯 糖
- 2 夸脫水
- 2 湯匙混合醃製香料
- 約 3 湯匙 整個芥菜籽
- 約 14 頭新鮮蒔蘿

產量：約 7 至 9 品脫

路線：

a) 洗淨黃瓜。切下 1/16 英寸的花端切片並丟棄，但保留 1/4 英寸的莖。將 3/4 杯鹽溶解在 2 加侖水中。倒在黃瓜上，靜置 12 小時。流走。

b) 將醋、1/2 杯鹽、糖和 2 夸脫水混合。添加混合的醃製香料，綁在乾淨的白布上。加熱至沸騰。在熱罐子裡裝滿黃瓜。

c) 每品脫添加 1 茶匙芥末籽和 1-1/2 頭新鮮蒔蘿。用沸騰的酸洗溶液覆蓋，留出 1/2 英寸的頂部空間。如果需要的話，去除氣泡並調整頂部空間。用濕的干淨紙巾擦拭罐子的邊緣。

30. 甜小黃瓜泡菜

原料：

- 7 磅。黃瓜（1-1/2 英寸或更小）
- 1/2 杯罐裝鹽或醃製鹽
- 8 杯糖
- 6 杯醋 (5%)
- 3/4 茶匙薑黃
- 2 茶匙芹菜籽
- 2 茶匙混合醃製香料
- 2 根肉桂棒
- 1/2 茶匙茴香（可選）
- 2 茶匙香草精（可選）

產量：約 6 至 7 品脫

路線：

a) 洗淨黃瓜。切下 1/16 英寸的花端切片並丟棄，但保留 1/4 英寸的莖。

b) 將黃瓜放入大容器中，並用沸水覆蓋。六到八小時後，以及第二天，瀝乾並用 6 夸脫含有 1/4 杯鹽的新鮮沸水覆蓋。第三天，將黃瓜瀝乾並用叉子刺破。

c) 將 3 杯醋、3 杯糖、薑黃和香料混合併煮沸。倒在黃瓜上。六到八小時後，瀝乾並保存酸洗糖漿。再加入 2 杯糖和醋，重新加熱煮沸。澆在泡菜上。

d) 第四天，瀝乾並保存糖漿。再加入 2 杯糖和 1 杯醋。加熱至沸騰，倒在泡菜上。6 至 8 小時後瀝乾並保存酸洗糖漿。添加 1 杯糖和 2 茶匙香草精，加熱至沸騰。

e) 將泡菜裝入熱的無菌品脫罐中，並用熱糖漿覆蓋，留出 1/2 英寸的頂部空間。

f) 如果需要的話，去除氣泡並調整頂部空間。用濕的干淨紙巾擦拭罐子的邊緣。

31.14 天甜泡菜

原料：

- 4 磅。2 至 5 英寸的醃黃瓜
- 3/4 杯罐裝鹽或醃製鹽
- 2 茶匙芹菜籽
- 2 湯匙混合醃製香料
- 5-1/2 杯糖
- 4 杯醋 (5%)

產量：約 5 至 9 品脫

路線：

a) 洗淨黃瓜。切下 1/16 英寸的花端切片並丟棄，但保留 1/4 英寸的莖。將整根黃瓜放入合適的 1 加侖容器中。

b) 將 1/4 杯罐裝鹽或醃製鹽加入 2 夸脫水中，煮沸。倒在黃瓜上。添加合適的蓋子和重量。

c) 將乾淨的毛巾放在容器上，並將溫度保持在 70°F 左右。第三天和第五天，瀝乾鹽水並丟棄。沖洗黃瓜並將黃瓜放回容器中。將 1/4 杯鹽加入 2 夸脫淡水中並煮沸。倒在黃瓜上。

d) 更換蓋子和重物，並用乾淨的毛巾重新覆蓋。第七天，瀝乾鹽水並丟棄。沖洗黃瓜，蓋上蓋子，稱重。

32. 快速甜泡菜

原料：

- 8 磅。3 到 4 英寸的醃黃瓜
- 1/3 杯罐裝鹽或醃製鹽
- 4-1/2 杯 糖
- 3-1/2 杯醋 (5%)
- 2 茶匙芹菜籽
- 1 湯匙 全五香粉
- 2 湯匙 芥菜籽
- 1 杯酸洗石灰（可選）

產量：約 7 至 9 品脫

路線：

a) 洗淨黃瓜。切掉 1/16 英寸的花端並丟棄，但保留 1/4 英寸的莖。如果需要的話，切片或切成條。放入碗中，撒上 1/3 杯鹽。覆蓋 2 英寸厚的碎冰或方冰。

b) 冷藏 3 至 4 小時。根據需要添加更多的冰。瀝乾。

c) 將糖、醋、芹菜籽、五香粉和芥末籽放入 6 夸脫的水壺中混合。加熱至沸騰。

d) 熱敷——加入黃瓜並緩慢加熱，直至醋溶液再次沸騰。偶爾攪拌以確保混合物受熱均勻。填充無菌罐，留出 1/2 英寸的頂部空間。

e) 原始包裝 — 填充熱罐，留出 1/2 英寸的頂部空間。添加熱酸洗糖漿，留出 1/2 英寸的頂部空間。

f)   如果需要的話，去除氣泡並調整頂部空間。用濕的干淨紙巾擦拭罐子的邊緣。

33.醃蘆筍

原料：

- 10 磅。蘆筍
- 6 個大蒜瓣
- 4-1/2 杯水
- 4-1/2 杯白蒸餾醋 (5%)
- 6 個小辣椒 （可選）
- 1/2 杯罐裝鹽
- 3 茶匙蒔蘿籽

產量：6 個廣口品脫罐

路線：

a) 用流水輕輕地清洗蘆筍。從底部切掉莖，留下帶有尖端的矛，將其放入罐頭罐中，留下略多於 1/2 英寸的頂部空間。蒜瓣去皮並清洗。

b) 將蒜瓣放在每個罐子的底部，然後將蘆筍緊緊地裝入熱罐子中，鈍端朝下。在一個 8 夸脫的鍋中，將水、醋、辣椒（可選）、鹽和蒔蘿籽混合。

c) 煮滾。將一個辣椒（如果使用）放入每個罐子中，放在蘆筍矛上。將滾燙的酸洗鹽水倒在矛上，留出 1/2 英寸的頂部空間。

d) 如果需要的話，去除氣泡並調整頂部空間。用濕的干淨紙巾擦拭罐子的邊緣。

34. 醃蒔豆

原料：

● 4 磅。新鮮嫩綠豆或黃豆

● 8 至 16 頭新鮮蒔蘿

● 8 瓣大蒜（可選）

● 1/2 杯罐裝鹽或醃製鹽

● 4 杯白醋 (5%)

● 4 杯水

● 1 茶匙紅辣椒片

產量：約 8 品脫

路線：

a) 清洗豆子並修剪末端，切成 4 英寸長。在每個熱的無菌品
脫罐中，放入 1 至 2 個蒔蘿頭，如果需要，還可放入 1
瓣大蒜。將整顆豆子直立放入罐子中，留出 1/2 英寸的頂
部空間。

b) 如有必要，修剪豆子以確保其正確。將鹽、醋、水和胡椒片混
合（如果需要）。煮滾。將熱溶液添加到豆子中，留出 1/2
英寸的頂部空間。

c) 如果需要的話，去除氣泡並調整頂部空間。用濕的干淨紙巾
擦拭罐子的邊緣。

35.醃製三豆沙拉

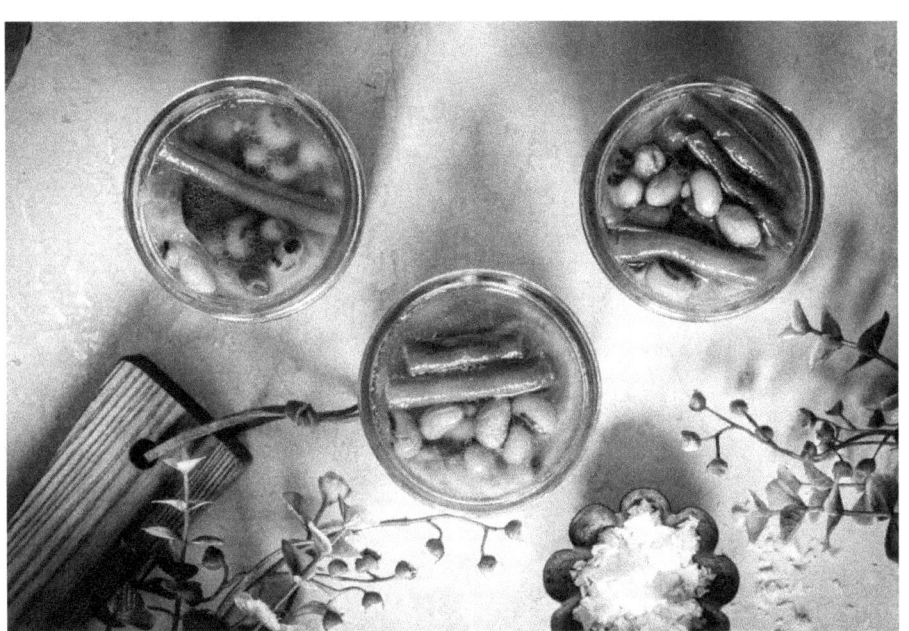

原料：

- 1-1/2 杯 漂白綠豆/黃豆
- 1-1/2 杯 罐裝、瀝乾的紅芸豆
- 1 杯罐裝、瀝乾的鷹嘴豆
- 1/2 杯 去皮並切成薄片的洋蔥
- 1/2 杯 芹菜 修剪並切成薄片
- 1/2 杯 青椒片
- 1/2 杯白醋 (5%)
- 1/4 杯 瓶裝檸檬汁
- 3/4 杯糖
- 1/4 杯油
- 1/2 茶匙罐裝鹽或醃製鹽
- 1-1/4 杯水

產量：約 5 至 6 品脫

路線：

a) 清洗並折斷新鮮豆子的末端。切割或折斷成 1 至 2 英寸的塊。

b) 焯水 3 分鐘，立即冷卻。用自來水沖洗芸豆並再次瀝乾。準備並測量所有其他蔬菜。

c) 將醋、檸檬汁、糖和水混合，煮沸。從火上移開。

d) 加入油和鹽，攪拌均勻。將豆子、洋蔥、芹菜和青椒加入溶液中，小火煮。

e) 在冰箱中醃製 12 至 14 小時，然後將整個混合物加熱至沸騰。用固體填充熱罐。添加熱液體，留出 1/2 英寸的頂部空間。

f) 如果需要的話，去除氣泡並調整頂部空間。用濕的干淨紙巾擦拭罐子的邊緣。

36.醃製甜菜

原料：

- 7 磅。直徑為 2 至 2-1/2 英寸的甜菜
- 4 杯醋 (5%)
- 1-1/2 茶匙罐裝鹽或醃製鹽
- 2 杯糖
- 2 杯水
- 2 根肉桂棒
- 12 整個丁香
- 4 至 6 個洋蔥（直徑 2 至 2-1/2 英寸），

產量：約 8 品脫

路線：

a)　修剪甜菜頂部，留下 1 英寸的莖和根，以防止顏色滲色。

b)　徹底清洗。按大小排序。將相似大小的材料與沸水一起煮至變軟（約 25 至 30 分鐘）。注意：排出並丟棄液體。涼爽的甜菜。修剪根和莖以及剝皮。切成 1/4 英寸的片。洋蔥去皮並切成薄片。

c)　將醋、鹽、糖和淡水混合。將香料放入粗棉布袋中，然後加入醋混合物中。煮滾。添加甜菜和洋蔥。煮 5 分鐘。取出香料袋。

d)　將甜菜和洋蔥裝入熱罐中，留出 1/2 英寸的頂部空間。添加熱醋溶液，留出 1/2 英寸的頂部空間。

e)　如果需要的話，去除氣泡並調整頂部空間。用濕的干淨紙巾擦拭罐子的邊緣。

37.醃胡蘿蔔

原料：

- 2-3/4 磅。去皮的胡蘿蔔
- 5-1/2 杯白醋 (5%)
- 1 杯水
- 2 杯糖
- 2 茶匙罐裝鹽
- 8 茶匙芥菜籽
- 4 茶匙芹菜籽

產量：約 4 品脫

路線：

- 胡蘿蔔洗淨並去皮。切成約 1/2 英寸厚的圓形。
- 將醋、水、糖和罐裝鹽放入 8 夸脫的荷蘭烤箱或湯鍋中混合。煮沸並煮 3 分鐘。加入胡蘿蔔並重新煮沸。然後將火調小，加熱至半熟（約 10 分鐘）。
- 同時，將 2 茶匙芥末籽和 1 茶匙芹菜籽放入每個空熱品脫罐中。將熱胡蘿蔔裝滿罐子，留出 1 英寸的頂部空間。填充熱酸洗液，留出 1/2 英寸的頂部空間。
- 如果需要的話，去除氣泡並調整頂部空間。用濕的干淨紙巾擦拭罐子的邊緣。

38.醃菜花/布魯塞爾

原料：

- 12 杯 1 至 2 英寸的花椰菜花或小球芽甘藍
- 4 杯白醋 (5%)
- 2 杯糖
- 2 杯 切成薄片的洋蔥
- 1 杯 切丁的甜紅辣椒
- 2 湯匙 芥菜籽
- 1 湯匙 芹菜籽
- 1 茶匙薑黃
- 1 茶匙紅辣椒湖

產量：約 9 半品脫

路線：

a) 清洗花椰菜花或球芽甘藍，並在鹽水（每加侖水 4 茶匙罐裝鹽）中煮沸花椰菜 3 分鐘，球芽甘藍煮 4 分鐘。瀝乾並冷卻。

b) 將醋、糖、洋蔥、紅辣椒丁和香料放入大平底鍋中混合。煮沸並小火煮 5 分鐘。

c) 將洋蔥和辣椒丁分佈在罐子中。將碎片和酸洗液裝入熱罐中，留出 1/2 英寸的頂部空間。

d) 如果需要的話，去除氣泡並調整頂部空間。用濕的干淨紙巾擦拭罐子的邊緣。

39.佛手瓜和豆薯沙拉

原料：

- 4 杯 豆薯絲
- 4 杯 佛手瓜切絲
- 2 杯 切碎的紅甜椒
- 2 個切碎的辣椒
- 2-1/2 杯水
- 2-1/2 杯蘋果醋 (5%)
- 1/2 杯 白糖
- 3-1/2 茶匙罐裝鹽
- 1 茶匙芹菜籽（可選）

產量：約 6 半品脫

路線：

a) 注意：處理或切割辣椒時，請戴上塑料或橡膠手套，不要觸摸臉部。如果您不戴手套，請在觸摸臉部或眼睛之前用肥皂和水徹底洗手。

b) 洗淨豆薯和佛手瓜，去皮並切成薄片，丟棄佛手瓜種子。在 8 夸脫的荷蘭烤箱或湯鍋中，混合除佛手瓜之外的所有成分。煮沸並煮 5 分鐘。

c) 將火調小至慢燉並加入佛手瓜。重新煮沸，然後關火。將熱固體填充到熱的半品脫罐中，留出 1/2 英寸的頂部空間。

d) 用沸騰的烹飪液覆蓋，留出 1/2 英寸的頂部空間。

e) 如果需要的話，去除氣泡並調整頂部空間。用濕的干淨紙巾擦拭罐子的邊緣。

40. 麵包黃油醃豆薯

原料：

- 14 杯 豆薯塊
- 3 杯切成薄片的洋蔥
- 1 杯 切碎的紅甜椒
- 4 杯白醋 (5%)
- 4-1/2 杯 糖
- 2 湯匙 芥菜籽
- 1 湯匙 芹菜籽
- 1 茶匙薑黃粉

產量：約 6 品脫

路線：

a) 將醋、糖和香料放入 12 夸脫的荷蘭烤箱或大平底鍋中混合。攪拌並煮沸。拌入準備好的豆薯、洋蔥片和紅甜椒。重新煮沸，調小火，煮 5 分鐘。偶爾攪拌一下。

b) 將熱固體填充到熱品脫罐中，留出 1/2 英寸的頂部空間。用沸騰的烹飪液覆蓋，留出 1/2 英寸的頂部空間。

c) 如果需要的話，去除氣泡並調整頂部空間。用濕的干淨紙巾擦拭罐子的邊緣。

41.醃製全蘑菇

原料：

- 7 磅。小整蘑菇
- 1/2 杯 瓶裝檸檬汁
- 2 杯橄欖油或色拉油
- 2-1/2 杯白醋 (5%)
- 1 湯匙 牛至葉
- 1 湯匙幹羅勒葉
- 1 湯匙罐裝鹽或醃製鹽
- 1/2 杯切碎的洋蔥
- 1/4 杯 甜椒丁
- 2 瓣大蒜，切成四等份
- 25 粒 黑胡椒

產量：約 9 半品脫

路線：

a) 選擇非常新鮮的未開封的蘑菇，菌蓋直徑小於 1-1/4 英寸。清洗。切掉莖，留下 1/4 英寸的部分與蓋子相連。加入檸檬汁和水蓋住。煮沸。煮 5 分鐘。瀝乾蘑菇。

b) 在平底鍋中混合橄欖油、醋、牛至、羅勒和鹽。加入洋蔥和甜椒，加熱至沸騰。

c) 將 1/4 蒜瓣和 2-3 個花椒放入半品脫罐中。將蘑菇和熱的、充分混合的油/醋溶液裝入熱罐中，留出 1/2 英寸的頂部空間。

d) 如果需要的話，去除氣泡並調整頂部空間。用濕的干淨紙巾擦拭罐子的邊緣。

42. 醃蒔蘿秋葵

原料

- 7 磅。小秋葵豆莢
- 小辣椒 6 個
- 4 茶匙蒔蘿籽
- 8 至 9 瓣蒜
- 2/3 杯罐裝鹽或醃製鹽
- 6 杯水
- 6 杯醋 (5%)

產量：約 8 至 9 品脫

路線：

- 清洗並修剪秋葵。將整個秋葵牢固地裝滿熱罐，留出 1/2 英寸的頂部空間。在每個罐子中放入 1 瓣大蒜。
- 將鹽、辣椒、蒔蘿籽、水和醋放入大鍋中，煮沸。將熱酸洗液倒在秋葵上，留出 1/2 英寸的頂部空間。
- 如果需要的話，去除氣泡並調整頂部空間。用濕的干淨紙巾擦拭罐子的邊緣。

43.醃珍珠洋蔥

原料：

- 8 杯 去皮白珍珠洋蔥
- 5-1/2 杯白醋 (5%)
- 1 杯水
- 2 茶匙罐裝鹽
- 2 杯糖
- 8 茶匙芥菜籽
- 4 茶匙芹菜籽

產量：約 3 到 4 品脫

路線：

a) 要剝洋蔥，請一次將幾個洋蔥放入金屬絲網籃或過濾器中，浸入沸水中 30 秒，然後取出並放入冷水中 30 秒。從根端切下 1/16 英寸的切片，然後去掉果皮，從洋蔥的另一端切下 1/16 英寸的切片。

b) 將醋、水、鹽和糖放入 8 夸脫的荷蘭烤箱或湯鍋中。煮沸並煮 3 分鐘。

c) 加入去皮的洋蔥，重新煮沸。將火調至小火，加熱至半熟（約 5 分鐘）。

d) 同時，將 2 茶匙芥末籽和 1 茶匙芹菜籽放入每個空熱品脫罐中。倒入熱洋蔥，留出 1 英寸的頂部空間。填充熱酸洗液，留出 1/2 英寸的頂部空間。

e) 如果需要的話，去除氣泡並調整頂部空間。用濕的干淨紙巾擦拭罐子的邊緣。

44. 醃製辣椒

原料：

- 貝爾、匈牙利、香蕉或墨西哥辣椒
- 4 磅。堅定的辣椒
- 1 杯瓶裝檸檬汁
- 2 杯白醋 (5%)
- 1 湯匙 牛至葉
- 1 杯橄欖油或色拉油
- 1/2 杯切碎的洋蔥
- 2 瓣大蒜，切成四等分（可選）
- 2 湯匙準備好的辣根（可選）

產量：約 9 半品脫

路線：

a) 選擇你最喜歡的辣椒。注意：如果您選擇辣椒，請戴上塑料或橡膠手套，並且在處理或切辣椒時不要觸摸臉部。

b) 將每個辣椒洗淨，切兩到四道口子，然後在沸水中焯一下，或者使用以下兩種方法之一在硬皮辣椒上泡皮：

c) 烤箱或烤雞方法使皮膚起泡 - 將辣椒放入熱烤箱 (400°F) 或烤爐下 6 至 8 分鐘，直至皮膚起泡。

d) 使皮膚起泡的頂級方法 - 用厚金屬絲網覆蓋熱燃燒器（燃氣或電動）。

e) 將辣椒放在火上幾分鐘，直到皮起泡。

f) 皮起泡後，將辣椒放入鍋中，並蓋上濕布。（這樣可以更容易地剝辣椒皮。）冷卻幾分鐘；剝皮。將整個辣椒壓扁。

g) 將所有剩餘成分混合在平底鍋中並加熱至沸騰。將 1/4 蒜瓣（可選）和 1/4 茶匙鹽放入每個熱的半品脫罐子中或每品脫 1/2 茶匙鹽中。在熱罐子裡裝滿辣椒。在辣椒上添加熱的、充分混合的油/酸洗溶液，留出 1/2 英寸的頂部空間。

h) 如果需要的話，去除氣泡並調整頂部空間。用濕的干淨紙巾擦拭罐子的邊緣。

45.醃青椒

原料：

- 7 磅。柿子椒
- 3-1/2 杯糖
- 3 杯醋 (5%)
- 3 杯水
- 9 瓣 大蒜
- 4-1/2 茶匙罐裝鹽或醃製鹽

產量：約 9 品脫

路線：

a) 清洗辣椒，切成四等分，去掉核心和種子，並去除任何瑕疵。將辣椒切成條。將糖、醋和水煮沸 1 分鐘。

b) 加入辣椒並煮沸。將 1/2 瓣大蒜和 1/4 茶匙鹽放入每個熱無菌半品脫罐中；品脫罐的數量加倍。

c) 添加胡椒條並用熱醋混合物覆蓋，留下 1/2 英寸

46.醃辣椒

原料：

- 匈牙利、香蕉、智利、墨西哥辣椒
- 4 磅。熱長的紅色、綠色或黃色辣椒
- 3 磅。甜紅椒和青椒，混合
- 5 杯醋 (5%)
- 1 杯水
- 4 茶匙罐裝鹽或醃製鹽
- 2 湯匙糖
- 2 瓣大蒜

產量：約 9 品脫

路線：

a) 注意：處理或切割辣椒時，請戴上塑料或橡膠手套，不要觸摸臉部。如果您不戴手套，請在觸摸臉部或眼睛之前用肥皂和水徹底洗手。

b) 洗淨辣椒。如果小辣椒保持完整，則在每個小辣椒上切 2 至 4 條切口。大辣椒切成四分之一。

c) 使用以下兩種方法之一在沸水中焯水或將硬皮辣椒泡皮：

d) 烤箱或烤雞方法使皮膚起泡 - 將辣椒放入熱烤箱 (400°F) 或烤爐下 6 至 8 分鐘，直至皮膚起泡。

e) 使皮膚起泡的頂級方法 - 用厚金屬絲網覆蓋熱燃燒器（燃氣或電動）。

f) 將辣椒放在火上幾分鐘，直到皮起泡。

g) 皮起泡後，將辣椒放入鍋中，並蓋上濕布。（這樣可以更容易地剝辣椒皮。）冷卻幾分鐘；剝皮。將小辣椒壓扁。大辣椒切成四分之一。將辣椒裝滿熱罐，留出 1/2 英寸的頂部空間。

h) 將其他材料混合併加熱至沸騰，小火煮 10 分鐘。去掉大蒜。在辣椒上加入熱酸洗液，留出 1/2 英寸的頂部空間。

i) 如果需要的話，去除氣泡並調整頂部空間。用濕的干淨紙巾擦拭罐子的邊緣。

47.醃墨西哥辣椒圈

原料：

- 3 磅。墨西哥辣椒
- 1-1/2 杯 酸洗石灰
- 1-1/2 加侖水
- 7-1/2 杯蘋果醋 (5%)
- 1-3/4 杯水
- 2-1/2 湯匙 罐裝鹽
- 3 湯匙芹菜籽
- 6 湯匙 芥菜籽

產量：約 6 品脫罐

路線：

- 注意：處理或切割辣椒時，請戴上塑料或橡膠手套，不要觸摸臉部。
- 將辣椒洗淨，切成 1/4 英寸厚的片。丟棄莖端。
- 將 1-1/2 杯酸洗石灰與 1-1/2 加侖水在不銹鋼、玻璃或食品級塑料容器中混合。混合石灰水溶液時避免吸入石灰粉塵。
- 將辣椒片浸泡在石灰水中，放入冰箱，浸泡 18 小時，偶爾攪拌（可以使用 12 至 24 小時）。瀝乾浸泡過的辣椒圈中的石灰溶液。
- 用水輕輕但徹底地沖洗辣椒。用新鮮的冷水覆蓋辣椒圈，然後在冰箱中浸泡 1 小時。將辣椒中的水瀝乾。重複沖洗、浸泡和瀝乾步驟兩次以上。最後徹底瀝乾。

- 將 1 湯匙芥末籽和 1-1/2 茶匙芹菜籽放入每個熱品脫罐的底部。將瀝乾的胡椒環裝入罐子中，留出 1/2 英寸的頂部空間。將蘋果醋、1-3/4 杯水和罐裝鹽用高溫煮沸。將沸騰的熱鹽水溶液舀到罐子裡的辣椒圈上，留下 1/2 英寸的頂部空間。
- 如果需要的話，去除氣泡並調整頂部空間。用濕的干淨紙巾擦拭罐子的邊緣。

48.醃黄椒圈

原料：

- 2-1/2 至 3 磅。黃（香蕉）辣椒
- 2 湯匙 芹菜籽
- 4 湯匙 芥菜籽
- 5 杯蘋果醋 (5%)
- 1-1/4 杯水
- 5 茶匙罐裝鹽

產量：約 4 品脫罐

路線：

a) 將辣椒洗淨，去掉莖部；將辣椒切成 1/4 英寸厚的環。將 1/2 湯匙芹菜籽和 1 湯匙芥末籽放入每個空熱品脫罐的底部。

b) 將胡椒環裝入罐子中，留出 1/2 英寸的頂部空間。在 4 夸脫的荷蘭烤箱或平底鍋中，將蘋果醋、水和鹽混合；加熱至沸騰。用沸騰的酸洗液覆蓋辣椒圈，留出 1/2 英寸的頂部空間。

c) 如果需要的話，去除氣泡並調整頂部空間。用濕的干淨紙巾擦拭罐子的邊緣。

49.醃甜綠番茄

原料：

- 10 至 11 磅。綠色西紅柿
- 2 杯 洋蔥片
- 1/4 杯罐裝鹽或醃製鹽
- 3 杯紅糖
- 4 杯醋 (5%)
- 1 湯匙 芥末籽
- 1 湯匙五香粉
- 1 湯匙 芹菜籽
- 1 湯匙 整丁香

產量：約 9 品脫

路線：

a) 將西紅柿和洋蔥洗淨並切片。放入碗中，撒上 1/4 杯鹽，靜置 4 至 6 小時。流走。在醋中加熱並攪拌糖直至溶解。

b) 將芥末籽、五香粉、芹菜籽和丁香放入香料袋中。與西紅柿和洋蔥一起加入醋中。如果需要，添加最少的水以覆蓋碎片。煮沸並小火煮 30 分鐘，根據需要攪拌以防止燃燒。正確煮熟後，西紅柿應該是嫩且透明的。

c) 取出香料袋。將固體填充到熱罐中，並用熱酸洗溶液覆蓋，留下 1/2 英寸的頂部空間。

d) 如果需要的話，去除氣泡並調整頂部空間。用濕的干淨紙巾擦拭罐子的邊緣。

50.醃製混合蔬菜

原料：

- 4 磅。4 至 5 英寸的醃黃瓜
- 2 磅。小洋蔥去皮並切成四等分
- 4 杯切好的芹菜（1 英寸的片）
- 2 杯 去皮切塊的胡蘿蔔（1/2 英寸的塊）
- 2 杯切好的甜紅辣椒（1/2 英寸塊）
- 2 杯 花椰菜花
- 5 杯白醋 (5%)
- 1/4 杯準備好的芥末
- 1/2 杯罐裝鹽或醃製鹽
- 3-1/2 杯糖
- 3 湯匙芹菜籽
- 2 湯匙 芥菜籽
- 1/2 茶匙 整個丁香
- 1/2 茶匙 薑黃粉

產量：約 10 品脫

路線：

a) 將蔬菜混合，蓋上 2 英寸厚的方冰或碎冰，冷藏 3 至 4 小時。在 8 夸脫的水壺中，將醋和芥末混合併攪拌均勻。添加鹽、糖、芹菜籽、芥菜籽、丁香、薑黃。煮滾。瀝乾蔬菜並加入熱酸洗液中。

b) 蓋上蓋子並慢慢煮沸。瀝乾蔬菜，但保留酸洗液。將蔬菜裝入熱的無菌品脫罐或熱夸脫罐中，留出 1/2 英寸的頂部空間。添加酸洗溶液，留出 1/2 英寸的頂部空間。

c) 如果需要的話，去除氣泡並調整頂部空間。用濕的干淨紙巾擦拭罐子的邊緣。

51.醃製麵包黃油西葫蘆

原料：

- 16 杯新鮮西葫蘆，切片
- 4 杯洋蔥，切成薄片
- 1/2 杯罐裝鹽或醃製鹽
- 4 杯白醋 (5%)
- 2 杯糖
- 4 湯匙 芥菜籽
- 2 湯匙 芹菜籽
- 2 茶匙薑黃粉

產量：約 8 至 9 品脫

路線：

c) 用 1 英寸的水和鹽覆蓋西葫蘆和洋蔥片。靜置 2 小時並徹底瀝乾。將醋、糖和香料混合。煮沸並加入西葫蘆和洋蔥。慢火煮 5 分鐘，然後將混合物和酸洗液放入熱罐中，留出 1/2 英寸的頂部空間。

d) 如果需要的話，去除氣泡並調整頂部空間。用濕的干淨紙巾擦拭罐子的邊緣。

52. 佛手瓜和梨津津有味

原料：

- 3-1/2 杯 去皮、切塊的佛手瓜
- 3-1/2 杯 去皮、切塊的塞克爾梨
- 2 杯 切碎的紅甜椒
- 2 杯 切碎的黃甜椒
- 3 杯切碎的洋蔥
- 2 個塞拉諾辣椒，切碎
- 2-1/2 杯蘋果醋 (5%)
- 1-1/2 杯水
- 1 杯白糖
- 2 茶匙罐裝鹽
- 1 茶匙 多香粉粉
- 1 茶匙 南瓜派香料

產量：約 5 品脫罐

路線：

a) 清洗佛手瓜和梨，去皮並切成 1/2 英寸的方塊，丟棄果核和種子。切碎洋蔥和辣椒。將醋、水、糖、鹽和香料放入荷蘭烤箱或大平底鍋中混合。煮沸，攪拌使糖溶解。

b) 加入切碎的洋蔥和辣椒；再次煮沸並煮 2 分鐘，偶爾攪拌。

c) 加入切塊的佛手瓜和梨；回到沸點並關掉熱量。將熱固體填充到熱品脫罐中，留出 1 英寸的頂部空間。蓋上沸騰的烹飪液，留出 1/2 英寸的頂部空間。

d) 如果需要的話，去除氣泡並調整頂部空間。用濕的干淨紙巾擦拭罐子的邊緣。

53. 皮卡利利

原料：

- 6 杯切碎的綠色西紅柿
- 1-1/2 杯 切碎的甜紅辣椒
- 1-1/2 杯 切碎的青椒
- 2-1/4 杯 切碎的洋蔥
- 7-1/2 杯 切碎的捲心菜
- 1/2 杯罐裝鹽或醃製鹽
- 3 湯匙混合醃製香料
- 4-1/2 杯醋 (5%)
- 3 杯紅糖

產量：約 9 半品脫

路線：

a) 清洗、切碎蔬菜，並與 1/2 杯鹽混合。蓋上熱水並靜置 12 小時。瀝乾並用乾淨的白布按壓以除去所有可能的液體。將香料鬆散地綁在香料袋中，加入醋和紅糖，在平底鍋中加熱煮沸。

b) 加入蔬菜，輕輕煮沸 30 分鐘或直至混合物的體積減少一半。取出香料袋。

c) 將熱混合物裝入熱的無菌罐中，留出 1/2 英寸的頂部空間。

d) 如果需要的話，去除氣泡並調整頂部空間。用濕的干淨紙巾擦拭罐子的邊緣。

54. 泡菜津津有味

原料：

- 3 夸脫切碎的黃瓜
- 切碎的甜青椒和紅椒各 3 杯
- 1 杯切碎的洋蔥
- 3/4 杯罐裝鹽或醃製鹽
- 4 杯冰
- 8 杯水
- 2 杯糖
- 芥末籽、薑黃、五香粉和丁香各 4 茶匙
- 6 杯白醋 (5%)

產量：約 9 品脫

路線：

a) 將黃瓜、辣椒、洋蔥、鹽和冰加入水中，靜置 4 小時。瀝乾蔬菜並用新鮮冰水重新覆蓋蔬菜一小時。再次瀝乾。

b) 將香料放入香料袋或粗棉布袋中。在糖和醋中加入香料。加熱至沸騰，將混合物倒在蔬菜上。

c) 蓋上蓋子冷藏 24 小時。將混合物加熱至沸騰並趁熱放入熱罐中，留出 1/2 英寸的頂部空間。

d) 如果需要的話，去除氣泡並調整頂部空間。用濕的干淨紙巾擦拭罐子的邊緣。

55.醃玉米調味料

原料：

- 10 杯新鮮整粒玉米
- 2-1/2 杯 甜紅椒丁
- 2-1/2 杯 甜青椒丁
- 2-1/2 杯切碎的芹菜
- 1-1/4 杯 洋蔥丁
- 1-3/4 杯糖
- 5 杯醋 (5%)
- 2-1/2 湯匙 罐裝鹽或醃製鹽
- 2-1/2 茶匙芹菜籽
- 2-1/2 湯匙 幹芥末
- 1-1/4 茶匙薑黃

產量：約 9 品脫

路線：

a) 玉米穗煮 5 分鐘。浸入冷水中。從玉米棒子上切下完整的玉米粒或使用六包 10 盎司的冷凍玉米。

b) 將辣椒、芹菜、洋蔥、糖、醋、鹽和芹菜籽放入鍋中混合。

c) 煮沸並小火煮 5 分鐘，偶爾攪拌。將芥末和薑黃放入 1/2 杯慢燉混合物中混合。將這種混合物和玉米加入到熱混合物中。

d) 再煮 5 分鐘。將熱混合物裝入熱罐中，留出 1/2 英寸的頂部空間。

e) 如果需要的話，去除氣泡並調整頂部空間。用濕的干淨紙巾擦拭罐子的邊緣。

56.醃青番茄醬

原料：

- 10 磅。小而硬的綠色西紅柿
- 1-1/2 磅。紅甜椒
- 1-1/2 磅。青椒
- 2 磅。洋蔥
- 1/2 杯罐裝鹽或醃製鹽
- 1 夸脫水
- 4 杯糖
- 1 夸脫醋 (5%)
- 1/3 杯準備好的黃芥末
- 2 湯匙 玉米澱粉

產量：約 7 至 9 品脫

路線：

a) 清洗西紅柿、辣椒和洋蔥，粗磨碎或切碎。將鹽溶解在水中，倒在大水壺中的蔬菜上。

b) 加熱至沸騰並煮 5 分鐘。用濾鍋瀝乾。將蔬菜放回水壺中。

c) 添加糖、醋、芥末和玉米澱粉。攪拌混合。加熱至沸騰並煮 5 分鐘。

d) 將熱調料裝入熱的無菌品脫罐中，留出 1/2 英寸的頂部空間。

e) 如果需要的話，去除氣泡並調整頂部空間。用濕的干淨紙巾擦拭罐子的邊緣。

57.醃辣根醬

原料：

- 2 杯（3/4 磅）新鮮磨碎的辣根
- 1 杯白醋 (5%)
- 1/2 茶匙罐裝鹽或醃製鹽
- 1/4 茶匙 抗壞血酸粉

路線：

a) 即使冷藏，新鮮辣根的刺激性也會在 1 至 2 個月內消失。因此，一次只能少量生產。

b) 徹底清洗辣根根並剝去棕色外皮。去皮的根可以在食品加工機中磨碎或切成小方塊並放入食品研磨機中。

c) 將原料和液體混合到無菌罐中，留出 1/4 英寸的頂部空間。

d) 密封罐子並存放在冰箱中。

58.醃辣椒洋蔥調味品

原料：

- 6 杯切碎的洋蔥
- 3 杯切碎的甜紅辣椒
- 3 杯切碎的青椒
- 1-1/2 杯糖
- 6 杯醋 (5%)，最好是白蒸餾醋
- 2 湯匙罐裝鹽或醃製鹽

產量：約 9 半品脫

路線：

a) 清洗並切碎蔬菜。將所有成分混合併輕輕煮沸，直至混合物變稠且體積減少二分之一（約 30 分鐘）。

b) 將熱調料裝入熱的無菌罐中，留出 1/2 英寸的頂部空間，並密封。

c) 放入冰箱保存並在一個月內使用。

59. 麻辣豆薯津津有味

原料：

- 9 杯 豆薯丁
- 1 湯匙 混合醃製香料
- 1 根兩英寸長的肉桂棒
- 8 杯白醋 (5%)
- 4 杯糖
- 2 茶匙碎紅辣椒
- 4 杯 黃甜椒丁
- 4-1/2 杯 紅甜椒丁
- 4 杯 切碎的洋蔥
- 2 個新鮮辣椒

產量：約 7 品脫罐

路線：

a) 注意：處理或切割辣椒時，請戴上塑料或橡膠手套，不要觸摸臉部。清洗、去皮並修剪豆薯；骰子。

b) 將醃製香料和肉桂放在乾淨的雙層 6 英寸見方的 100% 純棉粗棉布上。

c) 將角放在一起並用乾淨的繩子繫起來。

d) 在 4 夸脫的荷蘭烤箱或平底鍋中，將醃製香料袋、醋、糖和碎紅辣椒混合。煮沸，攪拌使糖溶解。加入切塊的豆薯、甜椒、洋蔥和手指辣。將混合物恢復沸騰。

e) 關小火，蓋上鍋蓋，中小火煮約 25 分鐘。丟棄香料袋。將佐料倒入熱品脫罐中，留出 1/2 英寸的頂部空間。用熱酸洗液覆蓋，留出 1/2 英寸的頂部空間。

f) 如果需要的話，去除氣泡並調整頂部空間。用濕的干淨紙巾擦拭罐子的邊緣。

60.濃郁的粘漿果醬津津有味

原料：

- 12 杯 切碎的粘漿
- 3 杯切碎的豆薯
- 3 杯切碎的洋蔥
- 6 杯 切碎的李子型西紅柿
- 1-1/2 杯 切碎的青椒
- 1-1/2 杯 切碎的紅甜椒
- 1-1/2 杯 切碎的黃甜椒
- 1 杯罐裝鹽
- 2 夸脫水
- 6 湯匙 混合醃製香料
- 1 湯匙碎紅辣椒片（可選）
- 6 杯糖
- 6-1/2 杯蘋果醋 (5%)

產量：約 6 或 7 品脫

路線：

a) 去除粘漿果殼並清洗乾淨。豆薯和洋蔥去皮。在修剪和切碎之前將所有蔬菜清洗乾淨。

b) 將切碎的粘漿果、豆薯、洋蔥、西紅柿和所有青椒放入 4 夸脫的荷蘭烤箱或平底鍋中。將罐裝鹽溶解在水中。倒在準備好的蔬菜上。加熱至沸騰；煮 5 分鐘。

c) 通過襯有粗棉布的過濾器徹底瀝乾（直到不再滴水，大約需要 15 到 20 分鐘）。

157

d) 將醃製香料和可選的紅辣椒片放在乾淨的雙層 6 英寸見方的片上

61.不加糖的醃製甜菜

原料：

- 7 磅。直徑為 2 至 2-1/2 英寸的甜菜
- 4 到 6 個洋蔥（直徑 2 到 2-1/2 英寸），如果需要的話
- 6 杯白醋（5%）
- 1-1/2 茶匙罐裝鹽或醃製鹽
- 2 杯 斯普萊達
- 3 杯水
- 2 根肉桂棒
- 12 整個丁香

產量：約 8 品脫

路線：

a) 修剪甜菜頂部，留下 1 英寸的莖和根，以防止顏色滲色。徹底清洗。按大小排序。

b) 將相似大小的材料與沸水一起煮至變軟（約 25 至 30 分鐘）。注意：排出並丟棄液體。涼爽的甜菜。

c) 修剪根和莖以及剝皮。切成 1/4 英寸的片。洋蔥去皮、清洗並切成薄片。

d) 將醋、鹽、Splenda® 和 3 杯淡水放入大型荷蘭烤箱中混合。將肉桂棒和丁香綁在粗棉布袋中，然後加入醋混合物中。

e) 煮滾。添加甜菜和洋蔥。煨

f) 5 分鐘。取出香料袋。將熱甜菜和洋蔥片裝入熱品脫罐中，留出 1/2 英寸的頂部空間。用沸騰的醋溶液覆蓋，留出 1/2 英寸的頂部空間。

g) 如果需要的話，去除氣泡並調整頂部空間。用濕的干淨紙巾
    擦拭罐子的邊緣。

62.<u>甜醃黃瓜</u>

原料：

- 3-1/2 磅。醃黃瓜的
- 燒開水沒過黃瓜片
- 4 杯蘋果醋 (5%)
- 1 杯水
- 3 杯 Splenda®
- 1 湯匙罐裝鹽
- 1 湯匙 芥末籽
- 1 湯匙 全五香粉
- 1 湯匙 芹菜籽
- 4 根一英寸肉桂棒

產量：約 4 或 5 品脫罐

路線：

a) 洗淨黃瓜。將花朵末端切成 1/16 英寸並丟棄。將黃瓜切成 1/4 英寸厚的片。將沸水倒在黃瓜片上，靜置 5 到 10 分鐘。

b) 瀝乾熱水，然後將冷水倒在黃瓜上。讓冷水持續流過黃瓜片，或者經常換水，直到黃瓜冷卻。將切片瀝乾。

c) 將醋、1 杯水、Splenda® 和所有香料放入 10 夸脫的荷蘭烤箱或湯鍋中混合。煮滾。小心地將瀝乾的黃瓜片加入沸騰的液體中，然後再次煮沸。

d) 如果需要，在每個空熱罐中放入一根肉桂棒。將熱泡菜片裝入熱品脫罐中，留出 1/2 英寸的頂部空間。用沸騰的酸洗鹽水覆蓋，留出 1/2 英寸的頂部空間。

e) 如果需要的話，去除氣泡並調整頂部空間。用濕的干淨紙巾擦拭罐子的邊緣。

63. 蒔蘿泡菜切片

原料：

- 4 磅。（3 至 5 英寸）醃黃瓜
- 6 杯醋 (5%)
- 6 杯糖
- 2 湯匙罐裝鹽或醃製鹽
- 1-1/2 茶匙芹菜籽
- 1-1/2 茶匙芥末籽
- 2 個大洋蔥，切成薄片
- 8 頭新鮮蒔蘿

產量：約 8 品脫

路線：

a) 洗淨黃瓜。將花端切成 1/16 英寸的薄片並丟棄。將黃瓜切成 1/4 英寸的片。將醋、糖、鹽、芹菜和芥末籽放入大鍋中混合。將混合物煮沸。

b) 將 2 片洋蔥和 1/2 蒔蘿頭放在每個熱品脫罐的底部。在熱罐中放入黃瓜片，留出 1/2 英寸的頂部空間。

c) 在上面添加 1 片洋蔥和 1/2 蒔蘿頭。將熱酸洗液倒在黃瓜上，留出 1/4 英寸的頂部空間。

d) 如果需要的話，去除氣泡並調整頂部空間。用濕的干淨紙巾擦拭罐子的邊緣。

64. 甜鹹菜切片

原料：

- 4 磅。（3 至 4 英寸）醃黃瓜

醃製溶液：

- 1 夸脫蒸餾白醋 (5%)
- 1 湯匙罐裝鹽或醃製鹽
- 1 湯匙 芥末籽
- 1/2 杯糖

罐裝糖漿：

- 1-2/3 杯蒸餾白醋 (5%)
- 3 杯糖
- 1 湯匙 全五香粉
- 2-1/4 茶匙芹菜籽

產量：約 4 到 5 品脫

路線：

- 清洗黃瓜並切掉 1/16 英寸的花端，然後丟棄。將黃瓜切成 1/4 英寸的片。將罐裝糖漿的所有成分混合在平底鍋中並煮沸。使用前請保持糖漿熱。
- 在一個大水壺中，混合鹽溶液的成分。加入切好的黃瓜，蓋上鍋蓋，小火煮至黃瓜顏色從亮綠色變為暗綠色（約 5 至 7 分鐘）。將黃瓜片瀝乾。
- 將熱罐裝滿，並用熱罐裝糖漿覆蓋，留下 1/2 英寸的頂部空間。

● 如果需要的話，去除氣泡並調整頂部空間。用濕的干淨紙
巾擦拭罐子的邊緣。

65.檸檬和蒔蘿泡菜

原料：

- 1 頭硬白捲心菜，切成薄片
- 2 至 3 茶匙海鹽 (1.5%)
- 2 湯匙檸檬汁
- 1 湯匙幹蒔蘿
- 2 -3 瓣大蒜，磨碎

路線：

a) 將捲心菜洗淨，保留一片最外層的葉子，塞在德國泡菜的頂部。

b) 將捲心菜切成四份，去掉芯，切碎。按照上述普通酸菜的說明，加入檸檬汁、幹蒔蘿和鹽。

c) 擠壓並按摩捲心菜，直到捲心菜閃閃發亮，碗底有一小灘液體，然後加入大蒜。

66.中國泡菜

原料：

- 1 顆大白菜或大白菜，切碎
- 3 根胡蘿蔔，磨碎
- 1 個大蘿蔔，磨碎或一杯小紅蘿蔔，切成薄片
- 1 個大洋蔥，切碎
- 1/4 杯紅皮藻或紫菜片
- 1 湯匙智利胡椒片
- 1 湯匙 蒜末
- 1 湯匙切碎的鮮薑
- 1 湯匙芝麻
- 1 湯匙糖
- 2 茶匙優質海鹽
- 1 茶匙魚露

路線：

a) 只需將所有成分混合在一個大碗中，靜置 30 分鐘即可。

b) 將混合物裝入一個大玻璃罐或 2 個較小的罐子中。用力按下它。

c) 上面放一個裝滿水的密封袋，以防止氧氣進入，並將蔬菜浸在鹽水中。

d) 鬆鬆地蓋上蓋子，放置發酵至少 3 天。3 天后嚐嚐，看是否夠酸。這是個人口味的問題，所以只要繼續嘗試，直到你喜歡為止！

e) 一旦您對味道感到滿意，您就可以將泡菜存放在冰箱中，如果能保存那麼久的話，它可以快樂地保存幾個月！

67.發酵胡蘿蔔條

原料：

- 6 根有機胡蘿蔔，洗淨並切成條
- 2%鹽水溶液（20 克海鹽溶解在 1 升過濾水中）
- 少量蒜瓣、檸檬片、黑胡椒、月桂葉或蒔蘿

路線：

a) 將胡蘿蔔與配料表中的任何其他調味料一起緊緊裝入乾淨的 1 升玻璃罐中。將鹽水倒入罐子頂部 2.5 厘米以內。

b) 如果胡蘿蔔漂浮在液面上方，那麼您可以使用裝滿鹽水的密封袋來壓住它們並將其安全地浸入水中。

c) 在室溫下發酵，避免陽光直射，發酵至少一周，但最好兩週。鹽水將開始看起來渾濁，這表明發酵正常進行。如果輕輕搖動罐子，您還應該看到一些氣泡。

d) 一旦您對味道和質地感到滿意，請將它們移至冰箱，它們將在其中快樂地保存幾個月！

68.印度風味胡蘿蔔

（製作 1 升罐子）

原料：

- 1 公斤 胡蘿蔔，去皮並磨碎
- 1 顆新鮮生薑，去皮並磨碎
- 2 茶匙 辣椒片
- 2 茶匙胡蘆巴
- 2 茶匙 芥末籽
- 1 茶匙 薑黃粉
- 1 湯匙海鹽

路線：

a) 將胡蘿蔔放入碗中，撒上海鹽。

b) 擠壓並按摩混合物以釋放一些鹽水。胡蘿蔔應該開始枯萎並變濕。

c) 添加香料並用木勺混合在一起，而不是用手，否則它們會被薑黃染成橙色！

d) 將混合物裝入乾淨的 1 升玻璃罐中，用力按下每一把，以確保沒有空氣滯留。在罐子頂部留出 2.5 厘米的頂部空間，確保胡蘿蔔完全浸沒在鹽水中。

e) 蓋上蓋子，在室溫下發酵 5 至 7 天。

f) 將罐子存放在冰箱中並在 6 個月內使用。

69. 蘿蔔炸彈

（製作 1 升罐子）

原料：

- 400 克蘿蔔，切去頂部
- 1 或 2 茶匙醃料香料或茴香
- 15 克/1 湯匙海鹽
- 10 克/2 茶匙細砂糖
- 1 升過濾水
- 1 個紅洋蔥切片或 5 個蔥
- 3 片新鮮生薑
- 2 或 3 大片檸檬
- 3 或 4 瓣蒜，搗碎
- 1 茶匙或更多乾辣椒片，取決於你喜歡的辣度

路線：

a) 將海鹽和糖溶解在壺中製成鹽水。用熱肥皂水清洗玻璃罐，然後沖洗乾淨，去除肥皂殘留物。

b) 將香料放入罐子底部，然後加入蔬菜，最後在上面放上檸檬片。倒入鹽水，直到所有東西完全被淹沒。用一大片捲心菜葉或裝滿額外鹽水的密封袋蓋住，將所有東西都放在鹽水下。

c) 鬆鬆地關閉罐子，並將其放置在陰涼且避免陽光直射的地方 7 至 12 天。我傾向於把我的放在車庫裡，因為硫磺乒乓球的威力非常大，你可能會收到家人的抱怨！

d) 7 天后嚐一嘗，如果酸度足夠，則將其轉移到冰箱中，可保存約 6 個月。

e) 如果不夠酸，則再放置 4 或 5 天。

f) 保留多餘的鹽水並將其用於沙拉醬，其中富含益生菌！

梅森罐甜點

70. 吉百利雞蛋鬆餅

品牌：4

原料：

- 3.4 盎司盒裝香草布丁
- 1 杯冷牛奶
- 1 罐甜煉乳
- 8 盎司桶冷鞭，分開
- 2 杯牛奶巧克力片
- 1 杯 濃奶油
- 3 杯奧利奧碎
- 吉百利奶油蛋，裝飾用

指示：

製作布丁：

d) 在一個大碗中，將布丁混合物、牛奶和甜煉乳攪拌在一起。靜置 5 分鐘，經常攪拌，直至混合物變稠。

製作甘納許：

e) 在小平底鍋中，用中火將濃奶油小火慢燉。將牛奶巧克力片放入一個中等大小的碗中，然後在上面倒入熱濃奶油。靜置 3 分鐘，然後攪拌直至巧克力融化且混合物變得光滑。冷卻至室溫。

組裝小東西：

f) 將切碎的奧利奧均勻地放入 4 個大玻璃罐的底部。在上面均勻地鋪上一層布丁混合物，將牛奶巧克力甘納許塗在布丁上，然後在上面塗上一塊冷鞭。重複上述步驟，為每種成分再製作一層。

g) 冷藏直至可以食用。

71.螺旋藻牛奶生凍糕

品牌： 1

原料：
乾燥

- ½ 杯燕麥
- 1 湯匙 蘋果，幹的
- 1 湯匙 杏仁，活化的
- 1 湯匙 甜可可粒
- 1 湯匙 杏子，幹的，切碎
- ½ 茶匙香草粉
- 1 湯匙瑪卡粉

液體

- 1 杯，腰果奶
- 1 湯匙螺旋藻粉
- 2 湯匙 南瓜籽，磨碎

指示：

a) 在玻璃罐中加入燕麥、蘋果、杏仁和杏子，分層，然後在上面放上可可粒。

b) 然後將腰果奶、螺旋藻和南瓜籽放入攪拌機中，高速攪拌一分鐘。

c) 將成品牛奶倒在幹原料上即可享用。

72. 藍莓檸檬芝士蛋糕燕麥

原料：

- ¼ 杯脫脂希臘酸奶

- 2 湯匙藍莓酸奶

- ¼ 杯 藍莓

- 1 茶匙 磨碎的檸檬皮

- 1 茶匙蜂蜜

指示：

a) 將燕麥和牛奶放入 16 盎司的玻璃瓶中；上面加上所需的配料。

b) 冷藏過夜或最多 3 天；冷食。

73. 青檸亞麻布丁

製作： 1 份

原料：

- 1¼ 杯 2% 牛奶
- 1 杯 2% 純希臘酸奶
- ½ 杯亞麻籽
- 2 湯匙蜂蜜
- 2 湯匙糖
- 2 茶匙 酸橙皮碎
- 2 湯匙鮮榨酸橙汁
- 1 茶匙香草精
- 1 杯切碎的草莓和藍莓
- ½ 杯芒果丁和 ½ 杯獼猴桃丁

指示：

a) 在一個大碗中， 將牛奶、酸奶、亞麻籽、蜂蜜、糖、酸橙皮碎、酸橙汁、香草精和鹽攪拌均勻。

b) 將混合物均勻地分入四個玻璃瓶中。

c) 蓋上蓋子並冷藏過夜， 或最多 5 天。

d) 冷食， 上面撒上草莓、芒果、獼猴桃和藍莓。

74.單獨的酸橙芝士蛋糕

原料

對於地殼

- 125 克（11/4 杯）磨碎的無麩質脆餅（例如帕梅拉品牌）
- 11/2 茶匙紅糖
- 28 克（2 湯匙）無鹽黃油，融化 少許鹽

對於芝士蛋糕

- 8 盎司（227 克）奶油乾酪，室溫
- 1 湯匙（8 克）玉米澱粉
- 65 克（1/3 杯）砂糖
- 少許鹽
- 1 湯匙（15 毫升）酸橙汁
- 1/4 杯（60 克）酸奶油，室溫
- 1 茶匙無麩質香草精
- 1 湯匙（6 克）精細磨碎的酸橙皮碎，再加上更多用於裝飾
- 1 個大雞蛋，室溫 11/2 杯（355 毫升）水 鮮奶油，用於裝飾

脆皮

a) 用不粘烹飪噴霧輕輕噴灑六個 4 盎司（115 克）玻璃瓶的內部。

b) 在一個小碗中，將碎餅乾、紅糖、黃油和鹽混合在一起。將餅乾混合物均勻地分在玻璃瓶中。輕輕地將餅乾皮壓在玻璃杯底部。

乳酪蛋糕

193

c) 在一個中等大小的攪拌碗中，用手動攪拌機低速攪拌奶油乾酪，直至光滑。在一個小碗中，將玉米澱粉、砂糖和鹽混合。將糖混合物加入奶油乾酪中，攪拌直至完全混合。用抹刀刮掉碗的側面。

d) 將酸橙汁、酸奶油、香草和酸橙皮碎加入奶油乾酪混合物中。攪拌直到它完全融合在一起。加入雞蛋；攪拌直至混合。不要過度混合。

e) 將芝士蛋糕麵糊均勻地分裝在罐子中。將罐子輕輕敲擊櫃檯，以釋放任何大的氣泡。

f) 將水加入內鍋底部。將三腳架放入鍋內。將裝滿的罐子放在三腳架上，小心罐子的側面不要相互接觸或與鍋的側面接觸。您應該能夠在邊緣放置五個罐子，並在中間留出空間容納一個罐子。將一大塊箔紙輕輕放在所有罐子上。

g) 關閉並鎖上蓋子，確保蒸汽釋放旋鈕處於密封位置。高壓煮 4 分鐘。烹飪時間結束後，讓其自然釋放 10 分鐘，然後將旋鈕移至排氣位置並釋放剩餘的蒸汽。當浮子銷落下時，解鎖蓋子並小心打開。按取消。

h) 取下箔紙，用紙巾輕輕吸乾芝士蛋糕表面的凝結物。讓芝士蛋糕在鍋內冷卻 30 分鐘，然後移至冷卻架上冷卻直至達到室溫。用保鮮膜蓋住芝士蛋糕，放入冰箱至少 6 至 8 小時，最好過夜。

i) 飾以鮮奶油和額外的酸橙皮碎即可食用。

產量：6 塊單獨的芝士蛋糕

75.椰子覆盆子凝乳

份量 4

原料

 4 盎司椰子油，軟化

 3/4 杯轉向

 4 個蛋黃，打散

 1/2 杯藍莓

1 茶匙磨碎的檸檬皮

 1/2 茶匙香草精

1/2 茶匙八角，磨碎

路線

1.將椰子油和 Swerve 在食品加工機中混合。

2.分次加入雞蛋攪拌均勻；繼續攪拌 1 分鐘以上。

3.現在加入藍莓、檸檬皮碎、香草精和八角茴香。將混合物分裝到四個梅森罐中，並蓋上蓋子。

4. 將 1½ 杯水和金屬架加入速溶鍋中。現在，將罐子放到架子上。

5.蓋緊蓋子。選擇"手動"模式和高壓；煮 15 分鐘。烹飪完成後，使用自然壓力釋放；小心地取下蓋子。服務

6.放入冰箱直至可以食用。祝你胃口好！

76.杏仁巧克力奶油

份量 4

原料

2 杯濃奶油

⬜1/2 杯水

⬜4 個雞蛋

⬜1/3 杯轉向

1 茶匙杏仁提取物

1 茶匙香草精

1/3 杯杏仁，磨碎

2 湯匙椰子油，室溫

⬜4 湯匙可可粉

2 湯匙明膠

路線

1.首先向您的速溶鍋中添加 1 ½ 杯水和金屬架。

2.在食品加工機中混合奶油、水、雞蛋、Swerve、杏仁提取物、香草提取物和杏仁。

3.添加剩餘成分並再加工一分鐘。

4.將混合物分裝在四個梅森罐中；用蓋子蓋住罐子。將罐子放到架子上。

5.蓋緊蓋子。選擇"手動"模式和高壓；煮 7 分鐘。烹飪完成後，使用自然壓力釋放；小心地取下蓋子。祝你胃口好！

77.經典節日蛋奶凍

準備時間：20 分鐘+冷卻時間

份量 4

每份營養價值：201 卡路里；17.7 克脂肪；6.2 克總碳水化合物；4.2 克蛋白質；1.2 克糖

原料

⬜5 個蛋黃

⬜1/3 杯椰奶，不加糖

⬜1/2 茶匙香草精

1 茶匙羅漢果粉

1 湯匙奶油糖果調味料

⬜1/2 塊黃油，融化

路線

1.將蛋黃與椰奶、香草精、羅漢果粉和奶油糖調味料混合。

2.然後加入黃油，攪拌均勻；攪拌直至一切都充分混合。將混合物分裝到四個梅森罐中，並蓋上蓋子。

3. 將 1½ 杯水和金屬架放入速溶鍋中。現在，將罐子放到架子上。

4.蓋緊蓋子。選擇"手動"模式和低壓；煮 15 分鐘。烹飪完成後，使用自然壓力釋放；小心地取下蓋子。服務

5.放入冰箱直至可以食用。祝你胃口好！

78.巧克力奶油

準備時間：25 分鐘

份量：4

原料：

2 濃奶油

¼ 杯不加糖的黑巧克力，切碎

3 個雞蛋

1 茶匙 橙皮碎

1 茶匙甜葉菊粉

1 茶匙香草精

½茶匙鹽

路線：

1.插入速溶鍋並按"炒"按鈕。加入濃奶油、切碎的巧克力、甜葉菊粉、香草精、橙皮碎和鹽。充分攪拌並小火煮至巧克力完全融化。按"取消"按鈕，打碎雞蛋，一次一個，不斷攪拌。從速溶鍋中取出。

2.將混合物轉移到 4 個蓋子鬆動的玻璃瓶中。

3.將 2 杯水倒入速溶鍋中，然後將三腳架放入不銹鋼插件中。添加罐子並密封蓋子。

4.設置蒸汽釋放手柄並按下"手動"按鈕。將計時器設置為 10 分鐘。

5.完成後，將蒸汽閥移至"排氣"位置來執行快速釋放。

6.打開蓋子並取出罐子。冷卻至室溫，然後轉移至冰箱。

7.出鍋前淋上少許淡奶油。

79. 扎齊基

製作約 1½ 至 2 杯

原料：

- 1 杯未加鹽的生腰果
- ½ 杯過濾水
- 1 粒益生菌膠囊或 ¼ 茶匙益生菌粉
- 1 個檸檬榨汁
- 1 瓣蒜，切碎
- 2 湯匙切碎的洋蔥
- 1 茶匙未精製海鹽
- 一根 3 英寸大小的中號黃瓜

a) 在一個小到中等的玻璃碗中，將腰果和水混合。將益生菌膠囊的內容物（丟棄空膠囊殼）或益生菌粉末倒入腰果混合物中，攪拌混合。蓋上蓋子靜置二十四小時。

b) 在攪拌機中，將腰果混合物與檸檬汁、大蒜、洋蔥和鹽混合，攪拌至光滑細膩；將混合物放回碗中。將黃瓜磨碎，將其添加到腰果混合物中，攪拌直至混合。蓋上蓋子，在冰箱中保存最多三天。

c) 準備食用時，如果需要，可以用黃瓜片和/或條裝飾。

80.奶油法式洋蔥醬

製作約 2½ 杯

原料：

- 2 杯未加鹽的生腰果
- 1½ 杯過濾水
- 2 粒益生菌膠囊或 ½ 茶匙益生菌粉
- ½ 個檸檬汁
- 2 湯匙蔥末
- 2 湯匙切碎的新鮮歐芹
- 約 1 茶匙未精製海鹽，或適量
- 裝飾用香蔥或蔥（可選）

路線：

a) 在一個小到中等的玻璃碗中，將腰果和水混合。

b) 將益生菌膠囊的內容物（丟棄空膠囊殼）或益生菌粉末倒入腰果中，攪拌混合。

c) 蓋上混合物並培養二十四至四十八小時。

d) 準備食用時，如果需要，可以用細香蔥或蔥裝飾。

81.桃子和奶酪蔬菜沙拉

2 至 4 人份

原料：

沙拉

- 1 小包混合蔬菜
- 2 至 3 個新鮮桃子，去核並切半
- 1 湯匙特級初榨橄欖油
- 1 英寸圓形 Chevre

敷料

- 3/4 杯特級初榨橄欖油
- ⅓ 杯蘋果醋
- ½ 茶匙未精製海鹽
- ½ 茶匙幹羅勒
- ½ 茶匙干百里香
- 1 茶匙純楓糖漿或龍舌蘭花蜜

將燒烤架預熱至 300 至 350°F，或在爐灶上用低至中火加熱鑄鐵烤盤。

將麥斯倫蔬菜洗淨並晾乾，放入一個大碗中；擱置。

在桃子兩半上刷上橄欖油，然後將其平放在燒烤盤或烤盤上。烤約 3 分鐘，或直至桃子變軟但不糊狀。將桃子從烤架上取出，關掉火，放在一邊。

將 Chèvre 切成圓盤，放在一邊。

在攪拌機中，混合所有調料成分，攪拌至光滑。將所需量的調料倒在混合蔬菜上，然後攪拌沙拉，直至其充分裹上一層。將剩餘的調料存放在有蓋的罐子中最多一周。

在沙拉上放上切夫爾圓盤和烤桃半片，裝在大碗或盤子裡。

82.椰子奶油奶酪

原料：

● 一罐 13.5 盎司椰奶
● 1 粒益生菌膠囊或 ¼ 茶匙益生菌粉
● 1 到 2 茶匙純楓糖漿
● 1 茶匙香草粉或純香草精
● 1 茶匙檸檬皮碎（可選）

路線：

a) 打開椰奶罐。如果椰子奶油和水已經分離，將濃稠的奶油舀到一個小碗中。

b) 如果沒有分離，只需在一個小碗中將椰子奶油和椰子水混合在一起，直至光滑。

c) 添加益生菌膠囊內容物（丟棄空膠囊殼）或益生菌粉末，並混合在一起。

d) 蓋上蓋子或布，讓它在溫暖的環境中（大約 110 至 115°F 或 43 至 46°C，但如果溫度不在該範圍內，也不必擔心）靜置八到十個小時。

e) 培養後，冷藏至少一到兩個小時。如果椰奶和水已經分離，將濃稠的椰奶舀出來待用。

f) 如果需要，可添加楓糖漿、香草粉或香草精以及檸檬皮碎。一起攪拌直至光滑。立即用作蛋糕、紙杯蛋糕或其他烘焙食品的糖衣。

g) 蓋上蓋子放在冰箱裡可以保存大約一周。

83. 梨薄餅配澳洲堅果奶酪

製作 8 個大薄餅

原料：

可麗餅

- 2 湯匙橄欖油，再加一些用於給煎鍋上油
- 1½ 杯通用無麩質麵粉（我使用 Bob's Red Mill 無黃原膠麵粉）
- 1½ 杯 杏仁奶
- 2 湯匙細磨亞麻籽，攪拌入 6 湯匙水
- 1 茶匙小蘇打
- 捏一些未精製的海鹽
- 小荳蔻梨配料
- 4 個中等大小的梨，去核並切片
- 捏碎小荳蔻
- ½ 杯過濾水，分開
- 2 湯匙有機蔗糖
- 1 湯匙木薯粉

奶油芝士配料

- 澳洲堅果奶油奶酪

a) 製作薄餅麵糊時，在一個大碗中混合 2 湯匙油、麵粉、杏仁奶、亞麻籽水混合物、小蘇打和鹽；攪拌在一起。

b) 在一個大煎鍋中，用中火加熱，加入足夠的油，塗滿整個鍋底，然後倒入足夠的薄餅麵糊，薄薄地塗在鍋上。煮約 1 分鐘或直至氣泡消失，然後翻轉。重複剩餘的麵糊，直到麵糊全部用完。

c) 對於配料，在中型煎鍋中用低至中火加入梨、小荳蔻和 1/4 杯水。煮約 5 分鐘或直至梨稍微變軟。在一個小玻璃碗中，將剩餘的 1/4 杯水、糖和木薯粉混合，直至充分混合。

d) 將糖和木薯粉混合物加入梨中，不斷攪拌。再煮一分鐘或直到醬汁變稠。

e) 在每個薄餅上放 ⅛ 的梨混合物和 ⅛ 的澳洲堅果奶油乾酪。立即上菜。

84.薑餅餅乾冰淇淋三明治

可製作約 24 塊餅乾或 12 塊冰淇淋三明治

原料：

- ½ 杯椰子油
- ½ 杯椰子糖
- ¼ 杯糖蜜
- 1 湯匙細磨亞麻籽，攪入 3 湯匙水
- 1 杯 糙米粉
- 1 杯 小米粉
- 1½ 茶匙小蘇打
- 2 茶匙 薑末
- 1 茶匙肉桂粉
- ¼ 茶匙 肉荳蔻粉
- 發酵香草冰淇淋

a) 將烤箱預熱至 350°F。

b) 在攪拌機中，將油和糖混合，然後開始攪拌。當它們仍在混合時，加入糖蜜、亞麻籽水混合物、糙米粉、小米粉、小蘇打、生薑、肉桂和肉荳蔻，繼續混合，直到混合物形成柔軟、柔韌的麵團。

c) 將麵團揉成直徑約 1.5 英寸或核桃大小的球。用手掌將它們緊緊地壓在襯有羊皮紙的烤盤上，形成 2 英寸的圓盤，在餅乾之間留出空間以便它們鋪開。烘烤 8 分鐘或直到它們變硬但不硬。放在金屬架上冷卻。

d) 薑餅冷卻後，將培養香草冰淇淋舀到其中一塊餅乾上，然後將另一塊餅乾壓在上面，形成三明治。對剩餘的餅乾重複上述步驟。冷凍或立即食用。如果冷凍，請在食用前將冰淇淋三明治在室溫下放置約 10 分鐘。

85. 發酵香草冰淇淋

原料：

● 1 杯未加鹽的生腰果
● 2 杯杏仁奶
● 1 粒益生菌膠囊或 ¼ 茶匙益生菌粉
● 5 個大的新鮮 Medjool 棗，去核
● 1 茶匙香草粉

路線：

a) 在一個小碗中，將腰果和 1 杯牛奶混合；添加益生菌膠囊內容物（丟棄空膠囊殼）或益生菌粉末，並混合均勻。

b) 蓋上蓋子靜置八到十二小時，具體取決於您的口味偏好；較長的發酵時間會產生更濃郁的味道。

c) 在攪拌機中，將腰果混合物、棗子和香草粉混合，攪拌至光滑。倒入冰淇淋機中，按照製造商的說明加工成冰淇淋（通常 20 至 25 分鐘）。

86.南瓜派冰淇淋

約 1 夸脫/升

原料：

- ½ 杯未加鹽的生腰果
- ¼ 杯過濾水
- 2 粒益生菌膠囊，或 ½ 茶匙益生菌粉
- 2 杯杏仁奶
- 2 杯煮熟的南瓜
- 7 顆新鮮 Medjool 棗，去核
- 1½ 茶匙肉桂粉
- ½ 茶匙 薑末
- ½ 茶匙丁香粉
- ⅛ 茶匙 肉荳蔻

路線：

a) 在一個小碗中，將腰果和水混合；添加益生菌膠囊內容物（丟棄空膠囊殼）或益生菌粉末，並混合均勻。蓋上蓋子靜置十二小時。

b) 在攪拌機中，將腰果混合物與牛奶、南瓜、棗、肉桂、生薑混合。丁香和肉荳蔻，攪拌直至混合物光滑。將其倒入冰淇淋機中，然後按照製造商的說明進行操作。立即上菜。

87. 黑櫻桃冰淇淋

約 1 夸脫/升

原料：
- 1 杯未加鹽的生腰果
- 1 杯過濾水
- 1 粒益生菌膠囊或 ¼ 茶匙益生菌粉
- 2 杯新鮮黑櫻桃，去核並去除莖（如果使用冷凍櫻桃，請在使用前解凍），再加上一些用於裝飾（可選）
- 1¼ 杯 杏仁奶
- 4 個新鮮 medjool 棗，去核

路線：
a) 在一個中等大小的碗中，將腰果浸泡在水中八小時或過夜。
b) 將腰果和水倒入攪拌機中，攪拌直至混合物光滑呈奶油狀。將其倒入帶蓋的小玻璃盤中。將益生菌膠囊（丟棄空膠囊殼）或益生菌粉末倒入腰果混合物中，並攪拌在一起。蓋上蓋子或乾淨的布，讓它發酵八到十二小時。
c) 在攪拌機或食品加工機中，將腰果混合物與櫻桃、牛奶和棗混合，攪拌至光滑。將混合物倒入冰淇淋機中，然後按照製造商的說明加工成冰淇淋。如果需要，可以用額外的櫻桃裝飾，然後立即上桌。

88.橙色奶油冰棒芝士蛋糕

製作一個 12 英寸的芝士蛋糕

原料：

脆皮

- 1 杯未加鹽的生杏仁
- 3 顆新鮮 Medjool 棗，去核
- 1 湯匙椰子油
- 捏一些未精製的海鹽

填充

- 2 杯未加鹽的生腰果
- 1 杯過濾水
- 1 粒益生菌膠囊或 ¼ 茶匙益生菌粉
- 3 杯橙汁
- 2 湯匙純楓糖漿
- 1 茶匙香草粉
- 1 杯椰子油
- ¼ 杯加 1 湯匙卵磷脂（5 湯匙）
- 橙子薄片，帶皮，用於裝飾（可選）

路線：

a) 對於麵包皮，在食品加工機中將所有麵包皮成分混合，攪拌直至切碎。轉移到 12 英寸彈簧盤中，然後按壓盤的底面直至其變硬。

b) 對於填充物，在一個中等大小的碗中，將腰果、水和益生菌膠囊的內容物（丟棄空膠囊殼）或益生菌粉末混合；攪拌直至混合。蓋上蓋子或乾淨的布，靜置十二至二十四小時進行培養。

c) 在攪拌機中，將腰果混合物與橙汁、楓糖漿、香草粉、油和卵磷脂混合，攪拌至光滑。

d) 將混合物倒在外殼上。冷藏四到六個小時，或直至凝固。如果需要，可以用橙片裝飾，即可食用。芝士蛋糕放在有蓋容器中的冰箱中可保存大約四天。

89.石榴芝士蛋糕

製作一個 12 英寸的芝士蛋糕

原料：

脆皮

- 1 杯未加鹽的生榛子
- 4 顆新鮮 Medjool 棗，去核
- 1 湯匙椰子油
- 捏一些未精製的海鹽

填充

- 2 杯未加鹽的生腰果
- 1 杯過濾水
- 1 粒益生菌膠囊或 ¼ 茶匙益生菌粉
- 3 杯石榴汁
- 2 湯匙純楓糖漿或龍舌蘭花蜜
- 1 茶匙香草粉
- 1 杯椰子油
- ¼ 杯加 2 湯匙卵磷脂（6 湯匙）
- 新鮮石榴假種皮（種子）裝飾（可選）

路線：

a) 對於麵包皮，在食品加工機中將所有麵包皮成分混合，攪拌直至切碎。轉移到 12 英寸彈簧盤中，然後按壓盤的底面直至其變硬。

b) 對於填充物，在一個中等大小的碗中，將腰果、水和益生菌膠囊的內容物（丟棄空膠囊殼）或益生菌粉末混合。攪拌混合物直至混合。蓋上蓋子或乾淨的布，靜置十二至二十四小時進行培養。

c) 在攪拌機中，將腰果混合物與石榴汁、楓糖漿或龍舌蘭花蜜、香草粉、油和卵磷脂混合，攪拌直至光滑。

d) 將混合物倒在外殼上。冷藏四到六個小時，或直至凝固。如果需要的話，在上面放上新鮮的石榴假種皮。服務。

e) 芝士蛋糕放在有蓋容器中的冰箱中可保存大約四天。

90.黑莓芝士蛋糕

製作一個 12 英寸的芝士蛋糕

原料：

脆皮

- 1 杯未加鹽的生杏仁
- 3 顆新鮮 Medjool 棗，去核
- 1 湯匙椰子油
- 捏一些未精製的海鹽

填充

- 2 杯未加鹽的生腰果
- 1 杯過濾水
- 1 粒益生菌膠囊或 ¼ 茶匙益生菌粉
- ¼ 杯加 1 湯匙純楓糖漿（5 湯匙）
- 1 茶匙香草粉
- ½ 杯椰子油
- ½ 杯卵磷脂
- 2 杯杏仁奶

路線：

a) 2.5 杯新鮮黑莓（如果使用冷凍黑莓，請在製作芝士蛋糕之前將其解凍），再加上更多的裝飾用的黑莓。

b) 對於麵包皮，在食品加工機中將所有麵包皮成分混合，攪拌直至切碎。轉移到 12 英寸彈簧盤中，然後按壓盤的底面直至其變硬。

c) 對於填充物，在一個中等大小的碗中，將腰果、水和益生菌膠囊的內容物（丟棄空膠囊殼）或益生菌粉末混合；攪拌混合物直至混合。蓋上蓋子或乾淨的布，靜置二十四至四十八小時進行培養。

d) 在攪拌機中，將腰果混合物與楓糖漿、香草粉、油、卵磷脂和牛奶混合，攪拌至光滑。加入黑莓，攪拌至光滑。

e) 將混合物倒在外殼上。冷藏四到六個小時，或直至凝固。如果需要，可以用額外的黑莓裝飾，即可食用。芝士蛋糕放在有蓋容器中的冰箱中可保存大約四天。

91.甜香草桃子

大約可以做 5 杯

原料：

- 5 個中等大小的桃子，去核並粗切碎（約 5 杯切碎）
- ½ 茶匙香草粉
- ½ 茶匙小荳蔻粉（可選）
- 1 湯匙純楓糖漿
- 2 湯匙乳清

路線：

a) 在一個大碗中，將所有成分混合併攪拌均勻。將混合物舀入 1 夸脫的玻璃瓶中，蓋上蓋子，靜置 12 小時。

b) 冷藏，可以保存四天。

梅森罐飲料

92.檸檬黃瓜冷卻器

份量 2 杯飲料

原料

- 碎冰
- 1 個小柯比黃瓜
- ½ 個小檸檬
- 2 茶匙糖
- 1/2 茶匙新鮮磨碎的生薑
- 蘇打水
- Zubrowka 野牛草伏特加

路線

a) 用碎冰填充兩個玻璃罐至容量的 34%。黃瓜應該切成薄圓片。將混合物分裝在兩個玻璃瓶之間。在每個玻璃瓶中添加 1 茶匙糖。

b) 將半個檸檬擠入兩個玻璃瓶中。用作裝飾時，將剩下的一半檸檬切成兩片。

向每個玻璃瓶中倒入 1.5 盎司 Zubrowka。在倒入蘇打水之前，在每個杯子中加入四分之一茶匙生薑。將蘇打水裝滿玻璃杯一半。搭配檸檬片作為裝飾即可享用！

93.純素開菲爾

約 1 夸脫/升

原料：

- 1 夸脫（或升）過濾水
- ½ 杯未加鹽的生腰果
- 1 茶匙椰子糖、純楓糖漿或龍舌蘭花蜜
- 1 湯匙開菲爾粒
- 普通話裝飾部分（可選）

路線：

a) 在攪拌機中，將水、腰果和椰子糖（或楓糖漿或龍舌蘭花蜜）混合在一起，直至呈光滑奶油狀。

b) 將腰果奶倒入 1.5 至 2 夸脫的玻璃罐中，確保其不足 2/3 滿。加入開菲爾粒，攪拌，然後蓋上罐子。

c) 將罐子在室溫下放置二十四到四十八小時，並定期輕輕攪拌。腰果奶會變得有些起泡，然後開始凝固和分離；只需搖動它即可重新混合開菲爾，或舀出較厚的凝乳並像使用軟奶酪或酸奶油一樣使用它們。

d) 冷藏最多一星期。當準備好開菲爾時，將其倒入玻璃杯中，並根據需要用柑橘片裝飾玻璃杯的邊緣。

94.紅茶康普茶

約 3.5 夸脱/升

原料：

- 4 夸脱（或升）過濾水
- 1 杯未精製的糖
- 4 袋紅茶或 4 茶匙散葉茶
- 1 康普茶發酵劑

路線：

a) 在一個大不銹鋼鍋中，將水煮沸，加入糖，攪拌直至糖完全溶解。

b) 加入紅茶袋或散茶，再煮 10 分鐘，以殺死茶袋上可能存在的任何不需要的微生物。

c) 關火，讓茶浸泡 15 分鐘；取出茶袋。

d) 讓茶冷卻至室溫或微溫；溫度不應高於 70°F 或 21°C，以確保康普茶培養物不會受到損壞。

e) 將泡好的茶倒入大陶瓷壺或廣口玻璃水壺中，例如用於製作冰茶的水壺。

f) 將康普茶發酵劑及其附帶的任何茶添加到茶中。

g) 用一塊乾淨的亞麻布或棉布蓋住陶罐或壺的頂部（避免使用粗棉布，因為它的孔隙太多），並在邊緣周圍系上鬆緊帶以將布固定到位；或者，您可以在邊緣使用膠帶將布固定到位，並確保布不會掉入缸或罐中。

h) 將陶罐或壺放在安靜、通風、溫暖但陽光照射不到的地方，以免受到干擾。

i) 理想的發酵溫度範圍是 73 至 82°F，或 23 至 28°C。找到放置位置後，在康普茶發酵時不要移動陶罐或壺，因為這可能會干擾培養過程。

j) 等待大約五到六天即可收穫康普茶。首先，檢查味道：如果比您想要的更甜，請再發酵一兩天。如果有醋味，您可能需要在發酵較短的時間後裝瓶以後的批次；喝還是可以的，但是喝的時候可能需要用水稀釋，以免刺激喉嚨或胃。

k) 將除了大約 2 杯之外的所有發酵康普茶倒入玻璃罐、帶蓋容器或多個單份可重新密封的玻璃罐（帶翻蓋的老式汽水瓶效果很好），蓋上蓋子並存放把它放在冰箱裡。

95. 非洲紅茶康普茶

約 3.5 夸脫/升

原料：

- 4 夸脫過濾水
- 1 杯 椰子糖
- 4 茶匙路易波士散葉茶或 4 袋路易波士茶
- 1 康普茶發酵劑

路線：

a) 在一個大不銹鋼鍋中，將水煮沸，加入糖，攪拌直至糖完全溶解。

b) 添加路易波士茶包或散茶，再煮 10 分鐘，以殺死茶包上可能存在的任何不需要的微生物。關火，讓茶浸泡 15 分鐘；取出茶袋。

c) 讓茶冷卻至室溫或微溫；溫度不應高於 70°F 或 21°C，以確保康普茶培養物不會受到損壞。

d) 將泡好的茶倒入大陶瓷壺或廣口玻璃水壺中，通過細網篩去除任何散葉茶（如果使用）。

e) 將康普茶發酵劑及其附帶的任何茶添加到茶中。用一塊乾淨的亞麻布或棉布蓋住陶罐或壺的頂部（避免使用粗棉布，因為它的孔隙太多），並在邊緣周圍系上鬆緊帶以將布固定到位；或者，您可以在邊緣使用膠帶將布固定到位，並確保布不會掉入缸或罐中。

f) 將陶罐或壺放在安靜、通風、溫暖但陽光照射不到的地方，以免受到干擾。理想的發酵溫度範圍是 73 至 82°F，或 23 至 28°C。找到放置位置後，在康普茶發酵時不要移動陶罐或壺，因為這可能會干擾培養過程。

g) 等待大約五到六天即可收穫康普茶。首先，檢查味道：如果比您想要的更甜，請再發酵一兩天。如果它有醋味，您可能需要在較短的時間內裝瓶以後的批次；喝還是可以的，但是喝的時候可能需要用水稀釋，以免刺激喉嚨或胃。

h) 將除大約 2 杯之外的所有發酵康普茶倒入玻璃罐或帶蓋容器，或多個單份可重新密封的玻璃罐（帶翻蓋的老式汽水瓶效果很好），蓋上蓋子並存放在冰箱裡。

i) 為了增加其氣泡感，可添加少許糖，然後再等待一兩天即可飲用。如果保存時間超過一周，您可能需要鬆開冰箱的蓋子，讓氣體逸出，並防止玻璃因長時間內可能出現的過大壓力而破裂。

96. 培養血腥瑪麗

大約可以做 2 杯

原料：

- 4 個中等大小的西紅柿
- ½ 個酸橙汁
- ⅓ 杯泡菜、酸菜或泡菜鹽水
- 少許未精製海鹽
- 胡椒粉
- 1 莖芹菜（可選，用於裝飾）

路線：

a) 在攪拌機中，將除芹菜外的所有成分混合，攪拌直至光滑。

b) 將混合物倒入有蓋的玻璃盤中，根據您的喜好發酵兩到十二小時；較長的發酵時間會產生丹吉爾飲料。

c) 如果需要，可以用芹菜裝飾，然後立即食用。

d) 將剩餘的食物放入罐子中，放入冰箱保存最多三天。

97.   桃味冰茶

原料：

- 4 袋紅茶
- 8 杯水
- 1/2 杯 桃子糖漿
- 1/2 杯蜂蜜
- 桃子切片（可選）
- 薄荷葉（可選）

指示：

a) 將茶包放入 8 杯沸水中沖泡 5 分鐘。

b) 取出茶袋，加入桃糖漿和蜂蜜，攪拌直至溶解。

c) 讓茶冷卻至室溫。

d) 將梅森罐裝滿冰塊，然後將茶倒在冰塊上。

e) 如果需要，可以添加桃片和薄荷葉進行裝飾。

f) 服務並享受！

98.　西瓜阿瓜弗雷斯卡

原料：

- 4 杯 切碎的西瓜
- 2 杯水
- 1/4 杯 酸橙汁
- 1/4 杯蜂蜜
- 薄荷葉（可選）

指示：

a) 將西瓜、水、酸橙汁和蜂蜜放入攪拌機中。

b) 攪拌直至光滑。

c) 將梅森罐裝滿冰，然後將阿瓜弗雷斯卡倒在冰上。

d) 如果需要，可以添加薄荷葉進行裝飾。

e) 服務並享受！

99. 藍莓檸檬汁

原料：

- 1 杯 藍莓
- 1/2 杯檸檬汁
- 1/2 杯蜂蜜
- 6 杯水
- 檸檬片（可選）
- 藍莓（可選）

指示：

a) 將藍莓、檸檬汁和蜂蜜放入攪拌機中。

b) 攪拌直至光滑。

c) 通過細網過濾器過濾混合物。

d) 將梅森罐裝滿冰塊，然後將藍莓檸檬水倒在冰塊上。

e) 如果需要，可以添加檸檬片和藍莓作為裝飾。

f) 服務並享受！

100. 芒果奶昔

原料：

- 1 杯原味酸奶
- 1 杯切碎的新鮮芒果
- 1/4 杯蜂蜜
- 1/4 杯牛奶
- 1/4 茶匙 小荳蔻粉
- 薄荷葉（可選）

指示：

a) 將酸奶、芒果、蜂蜜、牛奶和小荳蔻加入攪拌機中。

b) 攪拌直至光滑。

c) 將梅森罐裝滿冰塊，然後將芒果奶昔倒在冰塊上。

d) 如果需要，可以添加薄荷葉進行裝飾。

e) 服務並享受！

結論

總之，梅森罐餐是一種隨時隨地享受健康美味食物的多功能且便捷的方式。通過使用梅森罐子來儲存和盛放食物，您可以輕鬆地分配膳食和零食，並隨身攜帶。梅森罐餐具有無限的食譜可能性，對於想要在不犧牲口味或便利性的情況下健康飲食的忙碌人士來說，是一個完美的解決方案。因此，下次您在尋找快速簡便的膳食準備選項時，請嘗試製作玻璃瓶餐，並享受這一創新趨勢的好處。

Milton Keynes UK
Ingram Content Group UK Ltd.
UKHW020828110823
426719UK00009B/32